ニッポンの変え方おしえます

はじめての立法レッスン

高橋洋一 監修
政策工房 著

春秋社

ニッポンの変え方おしえます——はじめての立法レッスン

プロローグ

ヒロキ　いやあ、僕、悩んでるんですよ、みさきさん。

みさき　そうなの。若いんだから、いっぱい悩めばいいじゃない。

ヒロキ　そんな突き放さないで、聞いてくださいよ。

みさき　どうせ、たいした悩みじゃないんでしょ。

ヒロキ　いやあ、僕このままじゃダメだと思うんですよね、やっぱり。

みさき　なにが？

ヒロキ　社会とか、世の中とか、全部ですよ。ちょっと行かないでくださいよ。

みさき　そんな大きなことといったって、しょうがないじゃない。周りのせいにしないで、まず自分のことを考えなさいよ。就職活動もろくにしていないんでしょ。

ヒロキ　だって、もうダメですよ、就職なんてしたって。そもそも仕事がないし、もしなんとか就職できたとしても、どうせ上の世代に薄給でこき使われるのが関の山ですよ。しかも、せっかく仕事を覚えたって、会社が五年後一〇年後あるかどうかなんてわからないじゃないですか。

みさき　五年後と一〇年後は大分違うわよ。

ヒロキ　もちろんそうなんですけど、そもそも日本そのものがまずいじゃないですか。相変わらず就職難だし、少子化・高齢化で税金は搾りとられるのに、年金はたいして貰えなさそうだし。そもそもなんですか、いまの政治は。混乱に拍車かけているだけじゃないですか。僕、怒っているんですよ。

みさき　いろいろ飛躍がある気がするけど、政治がふがいないのは、たしかね。子どものころからずっと、ニッポンを変えなければと叫ばれ続けているけど、実感としては、良くなるどころか悪くなる一方ね。

ヒロキ　僕もなにもしていないながら、世の中のために役立ちたいとはどこかで思っているんですよ。けれども、いきなり大きく変えられないから、どこでもいいから所属して、そこで仕事を覚えたり、人間関係を築きながら、できる範囲でやれることをやっていくことがまず大事だと思っていたんですよ。一人ひとりのチカラは小さくとも、それが束になれば世の中が変わっていくって。

みさき　それは、間違ってないんじゃない。

ヒロキ　でも、最近その前提が壊れちゃった気がするんですよね。社会そのものの底が抜けてしまって、せっかく積みあげても、それが一気にリセットされてしまう、そんな漠たる不安があるんですよね。

みさきさんだって、仕事をしていて日々感じないですか、そういうの。僕より絶対感じていそうなのに。なんか悩みはないんですか？

みさき　あるに決まっているじゃない。もっと条件の良い仕事が他にあるんじゃないかしらとか、転職するにしても、結婚して子どもを生んでも仕事を続けられるかどうかとか、そもそも子どもを生むかとか、先々のこと考えると不安よ。

ヒロキ　さすがに女性は現実的にならざるをえないんですね、その辺。

みさき　ただ仕事をしていると、現実的になる一方、発想が固くなるというか、これ以上はできないと端から決めこんでしまって、決められた枠組みのなかで行動しがちになるのよ。年配の人たちを見てると顕著で、組織を良くしようとか、若い人たちに頑張って欲しいとか、口ではいうものの、物事をいざ変えようとすると、手のひらを返したように反対するからね。不思議よね。

ヒロキ　リアルだな。それにしても、みさきさんも仕事して随分成長しましたね。

みさき　きみにいわれたくないなあ。まあ問題って、一人ひとりの悩みや不安、不満といったものが発端でしょ。でも、個人で解決できることもあるけど、どうにもならないことも多いのよね、やっぱり。そうした社会問題は、政治とか政策によってなんとかしてほしい、と思うんだけどね……。

ヒロキ 政策ですか……。

みさき そう、政策。聞いたことないの？

ヒロキ いやあ、まったく。

みさき 不満をもつだけじゃなく、もっと徹底的に勉強しないとダメね、きみは。

ヒロキ 知っていると思いますけど、勉強苦手なんですよね、僕。

みさき その分野について、ろくに知りもせずに変えたいと思うのが甘いわよ。

ヒロキ そこまでいわれたら、ニッポンを変えるために勉強しますよ、僕だって。

みさき 大きくでたわね。私もニッポンを変えるには具体的にどうすればいいかなんてちっともわからないから、誰か助けが必要ね。せっかくなら実際に携わっている人にでもいろいろ教えてもらいたいわよね。

ヒロキ 国の仕事をしたことある人がいいんじゃないですか。

みさき 仕事で以前に、講演を頼んだ先生にしようかしら。

ヒロキ 誰ですか？

みさき　元財務省の官僚で、小泉純一郎内閣のときに政策ブレインとして活躍していた高橋洋一さん。知っている？

ヒロキ　名前は知っていますけど、最近あまりテレビも見ないんで……。それにしても、みさきさん、いつのまにそんな有名人と知り合いになっているんですか。

みさき　きみも社会に出ればそういうチャンスがあるかもよ。とりあえず、電話をかけてみるわ。

＊＊＊

みさき　一週間の集中講義をしてくれることになったわ。どうせやるならみっちりやろうって。先生は、社会のしくみやルールを変えるには「立法」が重要っておっしゃってたわよ。

ヒロキ　法律かあ。もっとも縁がないけど、だいじょうぶかな。しかも立法なんて考えたことすらなかったな。ニッポンを変えることと「立法」がどう関係があるんだろう？

ニッポンの変え方おしえます——目次

Lesson 3　政治主導、官僚主導、どっちがいいの？　49

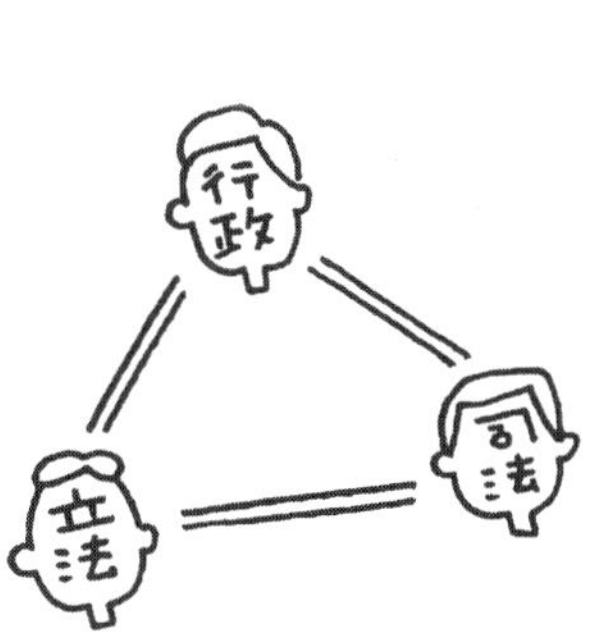

応用編　法律のつくり方おしえます

実践編

Lesson 7　ニッポンの変え方おしえます

登場人物

ヒロキ　モラトリアム大学生。なにもしない理由を日々探している。でも世の中にたいしてなにかしたいとも思っている二一歳。

みさき　働く女子五年目。仕事とプライベートのあいだで、徐々に選択を迫れているような気がしている二八歳。ヒロキの元家庭教師。

高橋先生　元財務官僚。法律づくりのスペシャリスト。政策コンサルティング会社の会長。

基礎編

ニッポンのしくみおしえます

Lesson 1　ニッポンのしくみってどうなっているの？

法律ってなぜ必要なの？

みさき　このままじゃダメだ、国や社会を変えなければいけない、みたいなことは、誰もが思うでしょうけれども、いざ変えようとしても、具体的にどうすればいいのかよく分かりません。そこで、長らく官僚として国の仕事をしてきて、いまはその経験を踏まえて様々な発言をされている、高橋先生にお話しをおうかがいしたいと思いました。よろしくお願いします。

ヒロキ　はじめまして、よろしくお願いします。

高橋　こんにちは、ざっくばらんに、よろしく。

国をどうすれば、変えられるかっていう話を聞きたいんだよね。国を動かしたり、社会を変えていくことそのものは、理論上そんなに難しいことではないんだ。

みさき・ヒロキ　そうなんですか!?

高橋　ある問題を解決するためには、「政策」をつくる必要がある。その政策を実施するには、「財源」と「法的根拠」が不可欠なんだ。つまり、国会で所定の手続きにのっとって議論し、「予算」と「法律」を採決する。これにつきる。シンプルでしょ。

ヒロキ　ようは、「お金」と「ルール」ってことですか?

高橋　そう。もっとも、お金が必要っていうのは分かりやすい話だけれども、その時、法的裏付け、つまり法令も必要っていうことがあまり理解されていない。日本は法治国家だから、国を動かしたり、社会を変えたりするためには法令にもとづかないといけない。でも、そのことを頭で理解していても、感覚的に理解できていないんではないかな。ここが問題だと思うんだよね。この辺りの認識を埋めていくことが、必要なんだろうな。

ヒロキ　法律なんて、日常生活で意識したことがないし、まして法律をつくるなんて、考えたことすらなかったです。

高橋　だから、この講義では、法律がどうつくられているか、つまり「立法」

がいまどのように行われているかってことを話していこうと思うんだけど、どうかな？

みさき　よろしくお願いします。とはいえ、素人が膨大な法律を理解するのは、さすがに難しいのではないでしょうか？

高橋　普通に生活しているかぎり、どの法律になにが書かれているかを、逐一、把握しておく必要はもちろんない。そもそも、すべての法律を把握するなんて無理だし、法令解釈は専門家のあいだでさえ見解が分かれる。

ただ、法律がつくられるプロセスを大雑把でもいいから、理解しておいたほうがいいね。国にたいして文句をいったり批判をするのは簡単だけれども、国や社会を変えていくためには、法律をつくったり変えたりしなくてはいけない。それに、予算的制約も伴うから、調整も容易ではない。立法に時間がかかるっていう認識をまずもつことが大切なんだ。

三権分立ってなに？

ヒロキ　そうはいわれても、僕はそもそも、具体的に法律が、いつ、どこで、誰が、どうやってつくっているのか、いまいち分かってないですね。もっといえば、法律がなんで必要かも分かるような、分からないような。

高橋　そこからかあ。法律をつくっているのは、もちろん国だけれども、その国というものがどういうしくみで運営されているかを、説明していったほうが良さそうだね。

　歴史的に見れば、王であれ独裁者であれ権力者が国を治めるという「人による支配」だった。これを三権分立という、立法、行政、司法のもと、それぞれの機関がルールにのっとって牽制・抑制しあう「法による支配」にもとづいた統治構造に変えていったんだ。つまり、一人の権力者による恣意的な暴走を許さないために、みんなで法律を定めてそれにのっとって国を動かそうというやり方にしたんだよ。

みさき　良い君主であればいいけれども、悪い君主だったら無茶苦茶なことになるという歴史を経たうえで、いまのような民主制になったのですね。

高橋　そういうこと。法律をつくるのが「立法府」、法律を運用し執行するのが「行政府」、その法律の運用が適切に行われているかをチェックするのが「司法府」となるわけだ。ようは、権力を分散させることによって、一人の権力者が好き放題できないようにするっていう制度なんだ。
「法治国家」である以上、政治上の権力を行使するにあたり、憲法を頂点に、国会が制定した法律、明文化された法令などにもとづかなければならない。民主制国家は、法令にのっとった手続きがなによりも重要となるんだよ。

ヒロキ　中学生ぐらいのときの、公民の授業でなんとなくやった気はするんだけどな。

二つのしくみ――議院内閣制と大統領制

みさき　じゃあ、法律づくりのプロセスが講義の本題ってことは、立法府の話が中心になるってことですね。

高　橋　基本的には、そうなんだが、大統領制をとっているか、議院内閣制をとっているかで、その辺の立法プロセスは違うんだよね。

ヒロキ　どう違うんでしょうか？

高　橋　一言に、議院内閣制、大統領制といっても、様々だから、一概には語れないんだけれども、たとえば、日本やイギリスのような議院内閣制の場合は、議会で多数を占めた与党が内閣を組閣するよね。議会によって首相が選ばれるという手続きがあるわけで、内閣を直接選ぶのは、国民が選んだ議員、つまり議会なんだ。

他方、アメリカのような大統領制の場合、行政府の長である大統領も国民の投票によって選ばれるから、議会の意思とは無関係に、完全に独立したかたちがとられている。議会の議員は、まったく別の選挙で選ばれるしね。これってどういうことか分かる？

みさき 大統領制の場合は、行政と立法が明確に分かれているけど、議院内閣制の場合は、行政と立法が分かれてないってことですか。

高橋 分かれていない訳じゃないけど、その境界はそこまで明確じゃないってこと。一般的に、行政権は、立法権や司法権と比べて、定義することが難しいんだ。政治上の権力のうち立法機能と司法機能を差し引いた権能を示すといわれているぐらいだからね。

というわけで、日本の立法プロセスを知るためには、立法府、行政府の両方を考えないといけない。おいおい説明していくけど、この二つのバランスが大事。けれども、これが崩れてしまっているのが、日本政治の大きな問題なんだ。

立法と行政のさかい

みさき　立法と行政のバランスが崩れるって、どういうことですか？

高　橋　法律をつくる人と執行する人が一緒ってこと。大統領制の場合、立法府の議員たちは大統領・閣僚など行政府の要職を兼務することができない。立法府と行政府、それぞれを構成する人が厳格に分かれているから、立法権と行政権が一体化しにくい。

しかし、議院内閣制は、与党議員が中心となって内閣を組閣し、行政府を統治する。つまり、首相・閣僚は、行政権を握る内閣構成メンバーであると同時に、立法権をもつ議員でもあるという、二元的地位にあるんだ。

みさき　それって、与党に二つの権力が集中しているってことですよね。自分たちに都合のいい法律をつくって執行することもできてしまいませんか？

高　橋　その危険性はもちろんある。ただ日本の場合、行政府に属する官僚たちが、与党との結びつきを深め、与党の数のチカラを背景に国を動かすようになっていったんだ。

ヒロキ　いいんですか、そんな状態で。

高橋　行政と立法を一体的に運営していたほうが好都合だった時代もあった。戦後の経済的自立と豊かさへの探求を至上命題に掲げて、行政主導で特定産業の保護・育成を行うなど、社会全体が経済活動に専念できる環境を、政・官・業の一体で維持してきたんだよ。世の中のニーズもいまほどは複雑ではなかったし、めざす目標や方向性も明確だった。与党、つまり自由民主党*が衆議院でも参議院でも安定多数の議席を確保していたから、機能的に動いていたんだ。

ところが、急速に経済大国化するにつれ、キャッチアップすべき目標も失っていく。また、グローバリゼーションや情報化といった世界的潮流、社会の成熟化、価値観の多様化など、日本社会をめぐる環境が、急速に変化した。一九九〇年代のバブル崩壊以降、財政赤字や不良債権など、負の代償が顕著となったんだ。これまでの行政と立法による一体的な運営方法が時代についていけなくなり、どんどん悪化し続けていまにいたるという感じかな。

ヒロキ　なるほど。ただ、先生、いまいちよく分からないのですけれども、三権分立ってそんなユルい感じでいいのですか？

高橋　その辺は一長一短じゃないかな。大統領制にすれば、三権分立という意

★自由民主党
一九五五年に保守政党が合同して結党。戦後、長きにわたって政権・与党を担い、多くの総理大臣を輩出してきた。一九九三年まで単独で政権・与党、細川・羽田内閣（一九九三～九四年）、民主党政権（二〇〇九～一二年）を除く期間は連立政権・与党であり続けている。

味ではたしかに分かりやすい。でも、大統領（行政府）と議会（立法府）の対立が激しくなり、膠着状態に陥ってしまうことだってある。

一方、議院内閣制は、議会（立法府）の多数派から内閣（行政府）の長が選ばれるから、安定的な政権運営はしやすい。ただ、安定的な議席を確保できなければ、議会が膠着状態に陥り、なにも決められなくなってしまう。

みさき　なにも決められないで、前に進まない状況になるぐらいなら、強いリーダーに引っ張っていてほしいという声もありますよね。大統領制に変更するとか。

高橋　議院内閣制との対比で、大統領制にという主張もたしかにある。でも、そもそも、日本だって大統領制にしなくても、強いリーダーシップを発揮することだって可能なんだよね、実は。

ヒロキ　といいますと？

高橋　衆議院選挙後に開かれる特別国会で、議長・副議長の指名など国会体制を整えたのち、最初に扱う議案が首班指名。つまり、国民が総選挙で選んだ国会議員たちの最初の仕事は、事実上、内閣総理大臣を選ぶことなんだよ。そうした点からいうと、国民が国会議員を選び、その国会議員たちの投票で総理大臣が選びだされるわけで、総選挙は総理大臣を選ぶ間接選挙といってもいい。アメリカ大統領を選ぶ選挙人を選出し、その選挙人の投票数で大統領が決まるというプロセスと、そう違いはないんだよ。

それに、日本の総理大臣は、制度上、アメリカ大統領以上の権限をもっている。これまでも行政改革を通じて、内閣機能や総理大臣の権限が強化されてきた。総理大臣のリーダーシップを阻む要因はいろいろあるけれども、たとえば、小泉純一郎総理のように、政権運営の仕方によっては長期安定政権となることだってあるんだよ。

ヒロキ　だとしたら、長く続く政権がなんででてこないんだろう？

高橋　それは、任期途中で総理大臣が辞任しても、国民の審判を経ずに総理大臣が選ばれてしまうからだね。国民の意思を踏まえないまま、コロコロと総理大臣が代わっていくなかで、選挙で公約していたこともいつのまにか反故にされてしまうことが続いてきたんだ。民意が立法にも行政にも反映されないから、国民のフラストレーションはたまりにたまってきたというわけなんだよ。

みさき　制度を変えれば、万事快調になんでも上手くいくってわけではないんですね。

高橋　そういうこと。将来的な話は置いておいても、大きな制度変更は一夜にしてはできないから、とりあえずは、いまあるシステムのなかでどうベターな運用をしていくかって発想のほうが生産的だね。

法律って誰がつくっているの？

ヒロキ　最初の質問にもどりますけど、結局いつどこで誰がどうやって、法律をつくっているのかが分からないんですよね。立法府が法律をつくるところだと思っていたのですが、実際は立法府と行政府が一体となって運営してきたんですよね。そうすると、誰が法律をつくってきたのですか？

高橋　立法には、行政府である内閣が提出する「政府提出法案」と、立法府である衆参両院の議員が提出する「議員提出法案」という二つがあるのだけれども、前者が八割から九割近くを占めるんだ。

ヒロキ　うーん、ということは、日本の立法は、立法府である国会ではなく、行政府である内閣が、ほとんどの法律をつくって、自ら執行しているってことですか？

高橋　まあ、すごく分かりやすくいえば、そういうことだね。

ヒロキ　なんだかよく分からないな。そもそも、行政がいまいち分からないし。

高　橋　行政っていうのは、総理大臣を頂点にした一府一二省庁のこと。地方と区別して、中央省庁と呼んだりする。その多くが霞が関に集まっていて、ここに所属する職員のことを、官僚と呼ぶんだ（図1参照）。

総理大臣は、この一府一二省庁をそれぞれを所管*する国務大臣（閣僚）を任命し、内閣を組織している。行政権は合議体として内閣、つまり、総理大臣が主宰する閣議*に属しているんだ。このため、総理大臣は、閣議などを通じて所管大臣に指示を行い、官僚たちを使って予算案や法律案を作成し、政策を実行していくんだ。

ヒロキ　じゃあ、内閣に命令された官僚が、その指示にしたがって法律をつくっているということか。

高　橋　ところがどっこい、ちょっと違うんだな。

日本は戦後、欧米先進国に追いつけ追い越せをスローガンに、行政主導のキャッチアップ政策を次々と推し進めてきた、と少し話したけれども、ただ、これによって行政権はどんどん肥大化し、行政府を動かす一部の官僚たちが実質的な政治上の権限を掌握するようになっていったんだよ。

★所管
法令で定められた範囲内の事務を担当する組織・部署または役職者の責任・権限において管理すること。

★閣議
内閣法第4条に基づき、内閣の意思決定を行うため、総理大臣はじめ全閣僚の出席のもと開催する会議のこと。定例閣議は、毎週火曜日と金曜日の午前中に開催。必要に応じて臨時閣議や、早急な処理を要する場合に内閣参事官が各閣僚の署名を集める持ち回り閣議がある。

みさき　ということは、政治家に命令されて動くというより、官僚が主体的に法律案をつくっているってことですね。

高橋　いわゆる、「官僚主導」ってやつだね。ようは、法律案を実際に書くのが官僚で、その内容はきわめてテクニカルだから、生半可な知識では太刀打ちできないんだ。だから、ああしろこうしろと政治家が命令しても、自分たちに都合の悪い内容になると、文言を微妙にいじったりして、抜け道をつくってしまう。いわゆる「骨抜き」ってやつだね。その結果、立法府の地位と役割は著しく低下し、三権分立が形式的なものになっているんだ。もちろん、国会の審議は経ているけれども、多くの国会議員や立法スタッフが、長らく官僚に依存してきたために、いざ自分たちの政策、法律をつくろうとしても、立案する能力が足りないという状況なんだよ。

図１　内閣の構成図

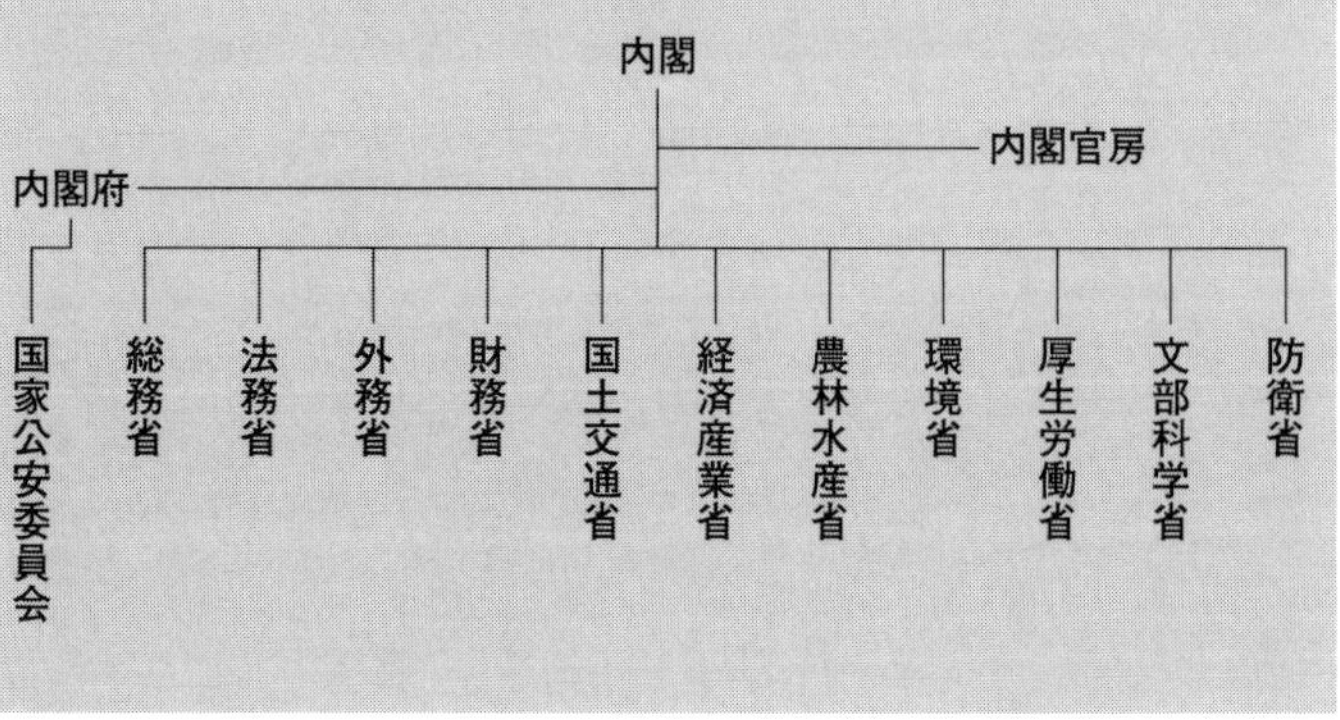

ヒロキ　国民の投票で選ばれているわけではない人たちが中心になって、日本のルールづくりが行われてきたうえ、国民に選ばれている国会議員にはそれをチェックする能力が欠けているってわけか。前途多難だなあ。

国会ってなにしているの?

みさき　憲法を見ると、国会は、「全国民を代表する選挙された議員」（日本国憲法第43条）で組織された「国権の最高機関であつて、国の唯一の立法機関」（同第41条）と位置づけられてますよね。その国会が実質的には立案していないということになると、国会議員はなにをやっているのでしょうか?

高橋　鋭いコメントありがとう。「国会」っていうのは、憲法上唯一、主権者である国民の直接投票によって選出される国の代表機関だから、法執行による統治を行う「内閣」、憲法と法令などとの適合性について審査する法令審査権（同第81条）をもつ「裁判所」よりも優位性が認められている。内閣や裁判所は、原則、既存の法体系のなかで行政権や司法権を行使できるけれども、それを超えて政治上の権力を行使することはできないんだ。

それに法律は、国会の審議および議決によってのみ制定、あるいは改廃できる。だから、その役割はもっと大きくなければならないけれども、政局*に明けくれるばかりで、法案成立率も低いし、機能しているとはいい難いね。

みさき　「決められない政治」ですね。なにが原因なんでしょう？

高橋　「ねじれ現象」、つまり衆議院と参議院の議席の多数を占める政党*が異なることに原因があるといわれているね。二院制*を採用している日本の国会は、衆議院と参議院の両院での可決（同第59条第1項）をもって成立するしくみだけれども、衆議院と参議院で与野党の勢力図が違うと、膠着状態に陥って、法律案の審議・採決が進まないということになる。片方で成立しても、もう片方では不成立で、廃案になってしまうことさえあるんだ。

与党の一党体制が戦後四〇年近く続いてきたから、ねじれを前提、あるいは政権交代を前提とした合意形成のモデルをいままで築いてこなかった。ようは、与党と野党のあいだの政策調整能力が、欠如していることが大きな原因なんだ。

みさき　選挙を実施するタイミングが衆議院と参議院で異なるわけだから、違う民意が選挙結果に反映されるのは当然ですよね。ねじれていてなにも進まないのは困るけど、与野党で話し合って解決できるなら問題ないって思うのですけれど

★政局
政党内・与野党間の主導権争い、派閥や人脈を通じた多数派工作のこと。

★政党
国会議員らが、政治理念や基本政策を共有し、政策実現や選挙などの活動を行う政治団体のこと。政治資金規正法では、国会議員が五人以上か直近の国政選挙の得票率が二％以上のいずれかの要件を満たす政治団体を政党として定めている。

★二院制（両院制）
立法府が二つの独立した議院で構成される政治制度。二つの議院は、異なった選出方法で構成され、権限・機能が異なるなどの工夫がされている。アメリカ、イギリス、イタリア、ドイツ、フランス、ロシア、オーストラリア、インド、マレーシアなどが採用している。

も……。

高橋　まさにそのとおり。ねじれをなくすために一院制*に変更するのも一つの考え方だけれども、現在の二院制のもとでは、ねじれが生じやすいことを前提として国会運営をすべきじゃないかな。ようは、与野党がどうやって合意形成し、最終的に成案をえていくか。そこが課題なんだよ。

ヒロキ　初歩的な質問なんですが、そもそも国会ってどうあるべきなんですか？

高橋　国会は政策、つまり法律案と予算案を審議して、最終的に多数決で決めるというのが大前提だよね。いかに妥協点を見つけ、着地点・落とし所を見いだすかってことにポイントがある。ただ合意形成には表と裏の二つの側面がある。

まず法律案そのものを喧々囂々と議論し、どっちが正しいかを明らかにしていくこと。たとえば、イギリスの議会中継などを見てみると、本当に白熱している。野党は首相や大臣たちをやりこめようと、全力で議論をしかける。それにたいし、首相や大臣たちは、分厚い資料をめくりながら、必死に応戦する。まさしく、その場でのディベート勝負で、それを後方に陣取る他の議員たちがそれぞれの討論者を応援する。混沌としているようで、対立関係が明確だから、不思議と一体感がうまれているんだ。ある意味、スポーツ観戦のような白熱した空間だね。下手

★一院制
立法府がただ一つの議院からなる政治制度。中華人民共和国や北朝鮮、インドネシアなどの東南アジア諸国、クウェートなどのアラブ諸国、アフリカ諸国などに多く見られる。また、かつて二院制だった、北欧諸国やギリシャ、韓国などが一院制に移行している。

なドラマより面白みがある。

ところが、日本の場合、国会審議中継*を見ても、決められた想定問答がダラダラと続くだけで、眠気を誘うものが多い。時々、野次が飛ぶぐらいで、白熱した議論とはほど遠い。ディベートによる熟議というより、地元の後援会に、いかに自分が頑張っているかを見せるパフォーマンスといっていいのではないかな。それに官僚のお膳立てによって、国会審議の流れの大半がすでに決まっている。国会が審議の場所としてほとんど機能していないってことだね。

ヒロキ　裏の側面っていうのは、なんですか。賄賂とかですか?

高橋　随分と昔は、野党対策で法律一本を成立させるためにいくらと、カネが乱れ飛んだということもあったみたいだけど、さすがにいまはないね。裏の交渉というのは、「この法律案の審議に応じるから、我々が提出している法律案は早期に審議入りしてくれ」「法律案に賛成するから、我々の法律案も賛成してくれ」「我々の修正案を呑むなら、法律案に賛成してもいい」といった、政治的思惑を含む駆け引きのことなんだ。この辺りは、政局がらみだから、あまり説明してもしょうがないけれども、避けてとおれない面はある。

なにはともあれ、民主制のもとでは、過半数の議席を武器に強行採決しないか

★国会審議中継
衆議院・参議院それぞれの本会議、各委員会での審議・採決について、インターネットで中継しているほか、過去のアーカイブも見ることができる。
〈衆議院〉http://www.shugiintv.go.jp/jp/index.php
〈参議院〉http://www.webtv.sangiin.go.jp/webtv/index.php

ぎり、様々な意見や思惑があるなかで議論を尽くし、落とし所を見いだして政策として意見集約、成案を得ることが必要なんだ。民主制は、良くも悪くも、時間とコストがかかるしくみなんだよ。

みさき　とすると、国会議員の役割は大きいですね。

高橋　本来、国会は、行政権の拡大・濫用を防ぎ、国民の権利が極力制限されないよう、適正に運営されているかをチェックするのが役割だし、それをコントロールする手段が法律なんだ。しかし、国会議員が政策立案能力、立法能力を磨くことを怠り、立法を官僚に丸投げしてきた結果、行政の権限拡大を許してしまい、いまにいたるんだ。

だから、政と官には一定の距離、緊張関係が必要だし、「官僚主導」の政策立案から、「政治主導」の政策立案への転換がいち早く求められる。これをどうするかっていうのが、明日以降の講義の中心だね。だいたい、今日はこんな感じかな。

Lesson 2 法律づくりを見てみよう

――NPO法ができるまで

議員立法のモデルケース

ヒロキ 国を動かすためには政策が必要だけれども、その政策を実行するためには法律や予算の裏づけがないとはじまらないってことは、頭では理解したつもりなのですが、いまいち実感が湧かないんだよな。

みさき 立法プロセスの、たぶんややこしい話をはじめる前に、なにか良い具体例はありませんか？　法律がどういった経緯でつくられ、その法律ができる前と後で、状況がどのように変わったのか、全体の流れが見えるような例を教えていただけると嬉しいのですが。

高橋 そうね。後で詳しく説明するけど、立法には、「政府提出法案」（閣法）

と「議員提出法案」（議員立法）というのがあって、後者をもっと増やそうというのがこれからの講義の主旨になるから、議員立法で一つ例をだしてみようか。NPO法（一九九八年施行）は聞いたことがあるかな？　議員立法のモデルケースっていわれるから、適例かもしれないな。NPOは分かるよね？

ヒロキ　知ってますよ。ノンプロフィットなんとかですよね。

みさき　「Non-profit Organization」。民間非営利団体ですね。私も社会貢献できる仕事がしたくて、就職のとき、こういった組織への道はないかと実は考えました。

高　橋　へぇ、そうなの。時代は変わったね。

ヒロキ　僕の周りでも、社会起業家*になりたいって人はいたなあ。そういった人たちにとっては、ボランティア団体や市民団体みたいのが受け皿になっているみたいですよ。

高　橋　じゃあ、NPOとNPO法人の違いって分かる？

みさき・ヒロキ　？

高　橋　はじめに整理しておこうか。NPOというのは、営利を目的としない、社会貢献活動や慈善活動を行う自発的な組織のことをいうんだ。NPO法ができる前からあるんだ。

★社会起業家（Social Entrepreneur）
利益追求ではなく、公益への貢献や社会的責任を尺度に、特定課題の解決をめざす事業を立ちあげ、起業する人びとのこと。私企業と公益性の隙間を埋める存在であり、社会変革の担い手《チェンジメーカー》としても期待されている。

ヒロキ　そうなんですか。それは知りませんでした。

高橋　考えてごらんよ。会社ではなくたって、利益の追求を目的としていない団体っていうのは、たくさんあるでしょ。たとえば、市民活動団体、公益法人*、あるいは一般社団法人・一般財団法人*、社会福祉法人*、協同組合*、宗教法人*、学校法人*といった幅広い定義でいう組織がこれに含まれるんだ。また、政党もNPOと解釈されることがあるんだよ。

ヒロキ　へぇ、政党もNPOなのか。

みさき　あらためて、そういわれればたしかにそうですね。

高橋　それにたいしてNPO法人は、こうしたNPOのうちNPO法が規定する一七項目（改正前は一二項目）に限定して、法人格が付与された団体のことをいうんだ（図2参照）。つまり、NPO法人というのは、特定非営利活動法人のこと。

みさき　なるほど。ということは、NPO法をつくろうという話が唐突にでてきたわけではなく、まずは素地があって、そうした団体が活動しやすくなるように法制化されたってことなんですか？

高橋　そういうことになるね。

★公益法人
公益目的の事業を行う法人で、一般社団法人・一般財団法人から公益法人認定法にのっとり認定された団体をいう。税制上の優遇などがある。

★一般社団法人・一般財団法人
一定の目的で構成員が結成した非営利団体（社団）、または、特定の個人や企業などの財産をもとに設立された非営利団体（財団）のうち、一般社団・財団法人法で定める要件を満たし、法人格が付与された団体のこと。

★社会福祉法人
社会福祉事業を行うことを目的に、社会福祉法の定めるところにより設立された法人のこと。

★協同組合
個人あるいは中小企業者などが集まり、組合員となって事業体を設立し、民主的な管理運営を行なう非営利の相互扶助組織のこと。消費生活協同組合法や農業協同組合法、商店街振興組合法など、事業内容ごとに個別法

NPO法はなぜつくられたの？

ヒロキ　そもそもNPO法は、なぜつくられたのですか？

高橋　一九八〇年代から、まちづくり、環境保全、迷惑施設の問題、あるいは国際貢献といった分野で活動する、NPOなどが活発になっていったんだよ。た

（特別法）で規定されている。

★宗教法人
憲法で保障された信教の自由のもと、宗教団体法で定める要件を満たし法人格が付与された宗教団体のこと。

★学校法人
私立学校の設置を目的として、私立学校法の定めるところにより設立された法人のこと。

図2　NPO法人17分野の活動

- 保健、医療又は福祉の増進を図る活動
- 社会教育の推進を図る活動
- まちづくりの推進を図る活動
- 学術、文化、芸術又はスポーツの振興を図る活動
- 環境の保全を図る活動
- 災害救援活動
- 地域安全活動
- 人権の擁護又は平和の推進を図る活動
- 国際協力の活動
- 男女共同参画社会の形成の促進を図る活動
- 子どもの健全育成を図る活動
- 情報化社会の発展を図る活動
- 科学技術の振興を図る活動
- 経済活動の活性化を図る活動
- 職業能力の開発又は雇用機会の拡充を支援する活動
- 消費者の保護を図る活動
- 前各号に掲げる活動を行う団体の運営又は活動に関する連絡助言又は援助の活動

だし、これらは小規模で、社会からあまり注目されることもなかった。

それが大きく取りあげられるようになったのは、一九九五年の阪神・淡路大震災*がきっかけ。きみたちはまだ子どもだったかもしれないけど、この大震災後、様々なNPOが積極的に被災者の支援、復興などにイニシアティブをとったんだ。そうした取り組みを通じて、NPOという存在が一般的に認知されはじめた。

みさき　国はなにをやっていたんですか、その時？

高橋　タテ割り行政の弊害や危機管理体制の欠如など、震災対応がままならなかったんだ。また、自民党・日本社会党*（現社民党）・新党さきがけ*の連立で登場した村山富市内閣*で、与党内も一枚岩になりきれていなかった。NPOなどがその隙間を埋めたうえ、行政にはできないきめ細かい支援を行ったんだ。

みさき　なぜ対応できなかったのですか？

高橋　昨日も少し話したけれども、当時の行政は、高度経済成長期から続く、いわゆる利益分配型だったけれども、バブル崩壊前後にかけて、価値観が多様化し、新しい社会的ニーズにどのように対処するかという課題に直面していたんだ。この問題を解決するには、タテ割りではなく横断的に対処していくことが求められていた。けれども、当時の組織体系、つまり行政組織の構造から考えると、所

★阪神・淡路大震災
激甚災害指定（激甚災害に対処するための特別の財政援助等に関する法律）を受けた兵庫県南部での大規模地震災害のこと。

★日本社会党
一九四五年に非共産党系の社会主義勢力が結集して結党。結党当初、野党勢力として維持してきたが、次第に議席を失っていった。細川連立政権（一九九三〜九四年）、自民党・新党さきがけとの連立政権（一九九四〜九八年）で与党となる。一九九六年には、社会民主党へ改称。

★新党さきがけ
政界浄化やリベラルな政治改革を訴えていた武村正義や鳩山由紀夫らが自民党を離党して一九九三年に結党。細川連立政権に参加、羽田政権での閣外協力を経て、自民党・社会党と連立政権を組んだ。しかし、メンバーが旧民主党に参加していったため、二〇〇二年に解党した。

管争いなどのためになかなか前に進めず、新しい課題への対応、きめ細かい公益サービスへと結びつかなかったんだ。

みさき　タテ割りの行政より、小回りの利くＮＰＯのほうが活躍したってことですね。

高　橋　そういうこと。行政の場合、税金を原資に活動している以上、どうしても公正・公平にという指向になりがちで、意思決定も遅くなってしまう。ＮＰＯやボランティア団体は即アクションを起こすのが容易で、当時の一番困っている被災者に温かい手を差し伸べることができた。そういった特性がＮＰＯの存在価値を高めるきっかけとなったんだよ。

ただ、継続して取り組むことが難しかったんだ。というのも、市民の任意団体が中心で、法人格をもっていなかったんだ。これって、どういうことか分かる？

ヒロキ　さっぱり分かりません。

高　橋　法人格をもたないということは、たとえば、ＮＰＯとして銀行口座を独自に開きにくいってことなんだ。口座がないと募金を募るにも信用されないし、なにかと不都合なことも多い。また、任意団体では、信用の面で様々なところから協力を得るのも難しいし、事務所を開くのも簡単ではない。口座と同じで部屋

★村山富市内閣
政権奪還をねらう自民党が、社会党・新党さきがけと連立を組み、日本社会党の村山富市委員長を総理大臣に指名して一九九四年に発足した。在任期間中、地下鉄サリン事件や阪神・淡路大震災が起き、政府の危機管理のあり方が問われた。

を借りるのも法人格のあるなしで違ってくるわけだ。これだと、なかなか組織を維持するのも難しい。

みさき　他の法人格ではなぜいけなかったのですか？

高橋　非営利で公益的な活動をする団体が、社団法人などの法人格を取得する際、主務官庁*の許可が必要となるが、許可を得るのは、そう簡単な話ではない。税制優遇も得るとなると、さらにハードルがあがる。また、仮に法人格を取得できたとしても、主務官庁による指導を受けることがあるなど、活動にも制限がかかりやすいんだ。だから、自発性を重視して積極的に活動するよりも、面倒な衝突を回避しようと、主務官庁の顔色をうかがいながら経営したり、お伺いをたてるようになったりしていきがちなんだよね。

みさき　でも、新しい公共を担うNPOが取り組む公益的事業・サービスは、行政が進める政策とすべて一致するとは限らないですよね。

高橋　そのとおり。時には、利用者や社会的なニーズ・ウォンツによって、行政が進める方向性に反することだってありうる。そうした場合、公益的なサービスを提供するだけでなく、社会変革を促すプロデューサー、社会起業家としての役割をも担うことが期待されているんだ。NPOは、地域や市民に近いポジショ

★主務官庁
各法人を管轄する中央省庁のこと。とくに公益法人にたいして用いる。

ンにあるだけに、いち早く社会問題を見つけ、行動しやすい。だから、課題解決に向け、活動に必要な資源を調達しながら、様々な組織への働きかけや連携、政策形成に参加して政策転換を実現したり、社会変革を促していくことができるんだ。

ヒロキ　頼もしいなあ。

高橋　ゆえに、市民による自由で自発的な公益的活動が排除されないよう、従来よりも簡便に法人格を取得できるようにすべきという話になったんだ。さらに、公益性の高い団体には税制上の優遇、諸外国並みの優遇をもたせるべきだとの声も高まった。そうした背景があって、ＮＰＯ法制定に動いていったんだよ。

法律ができるまで

みさき　ＮＰＯが活動を続けていくのが難しいなかで、ＮＰＯ法をつくろうという機運が高まっていったのだと思うのですが、その過程はざっとどんな感じだったのでしょうか？

高橋　実は、動きそのものは、阪神・淡路大震災が起きる前からあった。一九九三年にいくつかの市民団体が、法人化や税制にかんする研究会を立ちあげたりしたんだ。そして、弁護士や税理士などの専門家とともに提言活動を展開していった。独自の市民活動促進法案をつくったりしてね。その独自法案は、国会で審議されることはなかったけれども、与党案の立法化作業や、その後の与野党調整などに、少なからず影響を与えたんだ。

また、同時期に日本新党*が、NPOを支援する法律が必要だと訴え、作業チーム（NPO議員立法タスクフォース）を立ちあげ、法案化作業をスタートしていた。そうした流れをくんでつくられたのが、新進党*案、つまり野党の議員立法案だったんだ。

ヒロキ　初めて聞く党がいっぱいありますね。

高橋　与党だった自民党、日本社会党、新党さきがけは、当初、反応が鈍かった。しかし、一九九五年一月に阪神・淡路大震災が起きると情勢は一変した。同年三月に新進党案が国会に提出された。一方、政府・与党は、野党に遅れをとったことへの焦りや、NPOなどによる働きかけもあって、与党案のとりまとめに動きだした。当初、経済企画庁（現内閣府）などを中心に一八関係省庁による連絡会議を立ち上げ、政府提出法案としてとりまとめようとした。しかし、大蔵省

★日本新党
細川護熙熊本県知事を中心に、既成政党を打破し新しい政治体制をつくることを理念に、一九九二年に結党。新党ブームをつくり、自民党の五五年体制を崩壊にみちびき、細川・羽田内閣を発足させた。一九九四年、新進党に参加するため解党。

★新進党
小沢一郎を中心に、非自民・非共産系新党などが結集して、一九九四年に結党。内部対立を繰りかえし、一九九七年に六党に分裂した。

（現財務省）や自治省（現総務省）など省庁間での綱引きがはじまった。さらに、与党三党間でも調整にもたついたんだ。

みさき　なぜですか？

高　橋　考え方に温度差があったんだ。市民活動に比較的理解のあった社会党、さきがけからの要求、つまり連立を組む与党内からの強い要請に応えるかたちで、自民党も積極的に関与していくという流れになったんだ。この結果、政府提出法案としてではなく、与党による議員提出法案としてとりまとめるにいたった。

ヒロキ　なぜ政府提出法案としてではなかったんですか？

高　橋　最初は、官僚主導で法律案をつくり、大蔵省やその他の官庁などを巻きこんでまとめていこうと動いていた。しかし、「法律のなかに市民という言葉を記していいのか」「行政としての許認可権をどうするか」「主務官庁をどうするのか」「税制優遇をどうするのか」といった話が持ち上がり、官庁間で調整がつかないまま、なかなか進まなかった。

ヒロキ　タテ割り行政の弊害がもろにでてしまったことか。

高　橋　そう。今日では、関係官庁の各担当者がでてきて、省庁横断的に話し合うことが当たり前になっているけれども、当時は、そうした経験が乏しく官庁間でなかなか調整できなかったんだよ。また、自民党単独政権時代が終焉して連立政権時代に入っていたわけだけれども、与党内の政党間連携も上手く機能しなかったし、政権基盤も不安定でコロコロ代わっていた。それに、政党も横断的に話し合う知恵も経験もなかった。だから、もたついたんだ。

そこで、しびれを切らしたNPOなどが与党議員に根回しを行って、議員立法で早く制定すべきだと働きかけたんだ。それに社会党やさきがけが反応し、自民党に強く働きかけた結果、議員立法で対応する流れになった。そして、与党案、野党案、市民グループの案、こうした複数の法律案があることによって、議論が活発になった。結論から見れば、政治家が主導した制度設計になったんじゃないかなと思う。

みさき　議論が活発に行われたこと以外に、なにか要因はあったのですか？

高橋　震災以降、NPOが新しい公共を担うプレイヤーとして認知されるなど注目度が高まったことも一つの要因としてあるけど、市民グループがNPO法の早期実現に向け、NPOの連携・ネットワーク化をしながら賛同者を広げ、マスメディアや専門家なども積極的に巻きこんでいったことが大きいね。全国規模の市民団体連絡会を組織して意見集約を図るなど、市民グループの組織力・結束力を背景に、独自の私案なども提示しながら、国会議員などに強く働きかけたんだ。また、シンポジウムやパネルディスカッションなどを開催して、メディアへ積極的な働きかけも行って世論を喚起し続けた。こうしたことが功を奏したといっていいのではないかと思う。

みさき　政治家でもなく、官僚でもなく、市民グループが、たたき台の法律案を示しながら、組織・ネットワークを活かして成立に向けた流れをつくっていったってことなんですね。

高橋　そう、まさにそれによって議論が活発になっていったんだ。また当時は、NPO法だけに限らず、市民が積極的に政治に関与していこうという流れがあった。情報公開法*が制定されたり、パブリックコメント*（意見公募手続き）といった国民の声を聴くしくみを取り入れるなど、行政の肥大化を阻止し、民主的に開かれた行政をめざす動きがあったんだよ。

ヒロキ　NPO法が議員立法のモデルケースといわれる理由は、これまでの限られた人たちだけでつくられた法律ではなく、いろいろなポジションの人が関与したところにあるんですか？

高橋　まさに、そのとおり。そして、立法プロセスが見えやすかったんだ。メ

★情報公開法
二〇〇一年に施行された「行政機関の保有する情報の公開に関する法律」のこと。国の行政機関がもつ文書について開示請求できることなどを定める。

★パブリックコメント
行政機関が規則や命令などを制定するときに、広く一般に、意見・情報・改善案などを求める手続きのこと。

ディアを含めてオープンになっていたことで国民にも分かりやすかった。法律で、ＮＰＯという新しい概念を定義できた有意義な取り組みだったといえる。ＮＰＯやＮＧＯがもつアドボカシー*、つまり政策提言などを通じて概念提示、社会のあり方の提示ができたのは大きい。プロデューサー的な役割を市民グループのリーダーたちが担っていたのは、新しい政策形成といわれる所以だね。

みさき　ＮＰＯ法が成立するまでに、だいたいどのくらいの期間がかかったのですか？

高橋　どの段階からカウントするかにもよるけど、国政政党が法案化に向けて最初に検討を開始した時点からみると、約三年八カ月だね。

法律ができてから

ヒロキ　ＮＰＯ法が制定されて、なにが変わったんですか、実際。

高橋　任意団体だったころと比べ、ＮＰＯに法人格が付与されることで、社会的な認知度や信用が高まったという点はあるね。最近では、二〇一一年の東日本大震災でも、ＮＰＯの存在価値があらためて注目されたよね。また、社会福祉、

★アドボカシー（advocacy）
ＮＰＯ・ＮＧＯ、市民などの自発的な意見表明または政策提言活動、権利擁護活動のこと。政府に向けて行う提言を一般的に指す。

環境、教育、行政監視など、地域の新しい公共を担いうる存在としても期待されているし、社会活動をしたい人たちの受け皿としても注目されている。

ヒロキ　運営もしやすくなったんですか？

高橋　法人格をもつことで、口座が開設でき、寄付金も集めやすくなったし、資金調達も以前よりはしやすくなったのではないかと思う。また、法人として事務所を借りたり、固定電話回線も契約しやすくなったんではないかな。税制優遇が限定されているなど、まだまだ課題が山積しているけれども、NPO法成立で一歩前進したとはいえるよ。

みさき　ちなみに、NPOは、どこの官庁が監督しているんですか？

高橋　NPO法の施行により、特定非営利法人の事務所が所在する都道府県が所轄*することになった。ただし、二以上の都道府県の区域内に事務所を設置する法人については、経済企画庁が所轄することになった。都道府県と経済企画庁は、所轄庁として対等に位置づけられていたんだ。

二〇一二年四月施行の改正NPO法後は、すべて地方行政機関が所轄することになった。二以上の都道府県の区域内に事務所を設置する法人は、所轄庁が内閣府から主たる事務所所在地の都道府県、一政令指定都市内のみに事務所を置く法

★所轄
決められた領域を担当すること。管理・監督する国の行政機関を所轄庁という。

人は道府県から、その政令指定都市に変更されたんだよ。

ヒロキ　つまり国じゃなくて、地方自治体が担当することになったってことか。

高橋　そう。NPO法人への監督だけでなく、法人格の付与も、所轄する地方自治体が行っている。NPO法人として設立するとき、所轄庁に届けて、認証を受ける必要があるんだ。認証というのは、法定の要件さえ備えていれば、主務官庁から設立が認可される。法定の要件に加え主務官庁の自由裁量に委ねる「許可制」よりも、法人格が取得しやすい。書面審査ぐらいで、手続きも比較的簡単なんだ。ただ、法人制度が悪用されないよう、市民の相互監視という観点から、情報公開の規定は定められている。それでも対処できない事態となれば、最終的に行政が監督権を行使（報告徴収、検査、改善命令、認証取り消し）することになるんだよ。

みさき　なんだか地方分権的でもあるんですね。

高橋　そうだね。正確には、地域主権*だけどね。一応全体の流れが見えたとして、日本の立法における問題点を明日以降洗いだしていこう。

★地域主権
地域のことは地域の公的機関およびそこに住む住民が決めるということ。地域の主体性を尊重する考え方で、中央が握る権限や財源、人材を地方に分け与える意味での地方分権とは一線を画す。

Lesson 3 政治主導、官僚主導、どっちがいいの？

官僚主導のはじまり

みさき　「脱官僚」「官僚主導から政治主導へ」みたいなスローガンを、最近いたるところで聞きますし、玄人素人ひっくるめて、みんなその方向にいけばいいと思っているように見えるのですが、なぜこれほどまでに政治主導が上手くいかないのでしょうか？

高橋　まず、政治主導が失敗する具体的な要因について言及する前に、歴史的経緯を含めて説明しておこう。

高度経済成長期のころ、官僚は、今日ほどにバッシングされる対象ではなかったんだ。以前、テレビドラマにもなったけど、城山三郎の『官僚たちの夏』★とか

★『官僚たちの夏』
経済小説の開拓者で、戦前・戦後の日本人をテーマにした作品を多数執筆した城山三郎が一九七五年に出版した小説（新潮社刊）。高度経済成長期、通商産業省（現経済産業省）の官僚を描いた作品。一九九六年にNHKで、二〇〇九年にはTBS系列でテレビドラマが放映された。

聞いたことない？　日本の国益を第一に考える官僚たちが、政治の圧力にも屈せず、日本を引っ張ってくれる存在として、むしろ称賛されていたんだよ。

ヒロキ　いまとは大違いですね。

高橋　その一方、国家経営のあり方として、いつの時代も「政治主導の実現」が一つのテーマとなってきた。戦後まもない日本でも、行政改革の一環で官邸機能強化が謳われていたんだ。それ以降、中曽根行革*、橋本行革*、さらには国会で議論されている国家公務員制度改革*へと、ずっとその流れが続いているんだよ。官邸機能強化策としてよくいわれている「大蔵省の予算編成権を内閣官房に移管すべき」という主張は、実は戦後まもないころに行政改革の審議会が提言していたものの一つなんだ。

みさき　そんなに昔からですか。なぜ実現しなかったのですか？

高橋　いかんせん経済が好調で社会が上手く機能しているときには、制度変更しなければならない積極的理由も見当たりにくいからね。むしろ、経済的には豊かになって税収が自然と増えていったわけだから、省益、官僚の権益がどんどん拡大して、既得権益化していったんだ。だから変えようにも、官僚機構の激しい抵抗のみならず、総理大臣の強いリーダーシップを警戒する与党の族議員*たちも

★中曽根行革
中曽根康弘内閣（一九八二～八七年）で断行された行政改革。内閣補佐機能を強化する内閣官房の再編成を実施。また、高度経済成長期に膨張した行財政をスリムにするため、専売公社（現日本たばこ産業）・電電公社（現ＮＴＴ）・国鉄（現ＪＲグループ）の民営化、行政機構や許認可等の整理合理化も進めた。

★橋本行革
第二次橋本龍太郎内閣（一九九六～九八年）で断行された行政改革。二〇〇一年の中央省庁等再編で、一府二二省庁体制から一府一二省庁に移行。このほか、総理大臣の閣議発議権の明確化、内閣の総合戦略機能強化（内閣官房組織の改編と内閣府設置、総理大臣補佐官の設置など）も行われた。

★国家公務員制度改革
内閣人事局の設置はじめ幹部制度改革、国家公務員総合職の一括採用、能力実績主義の導入、

阻み、幾度となく頓挫してきたんだよ。

日本の官僚制のルーツ

みさき　そもそも官僚が政治を担うようになったのは、いつぐらいからなのですか？

高橋　官僚の「官」は政府の官職もしくはその地位にある者を示すんだ。一般的にイメージされる官僚といえば、霞が関の役人、もっと狭義には、国家公務員第一種資格試験をパスしたキャリア官僚だよね。また、官といえば、補佐官、秘書官、事務次官、審議官などの役職名にも使われている。

ただ、その歴史はもっと古くて、官制・官位が体系的に整備された律令制、さらにはそれ以前に続いていた冠位制にまで遡ることができるんだ。二〇〇一年の中央省庁等再編で、大蔵省が財務省に改称されたけど、当時の大蔵官僚が必至で抵抗した。実は、大蔵省は大宝律令の官制で規定された八省の一つで、約一二〇〇年間使われた中央省庁のなかでもっとも伝統のある名前だったからなんだよ。

みさき　馴染んだ名前でしょうから、気持ちは分からなくもないですが。

再就職規制といった国家公務員の人事管理改革などを実施すること。

★族議員
業界団体の利益保護のために影響力を行使する国会議員のこと。特定分野についての専門的知識と、所管省庁や関連業界に深い人脈などをもっている。

高　橋　明治時代に入ると、欧米にならって統治制度の近代化が図られる。ただ、大日本帝国憲法下では、三権分立制を取りいれたとはいえ、天皇が国の主権者であり国家元首として統治権を一元的に総攬＊するしくみとなった。つまり、内閣を筆頭とする行政府は天皇の行政権を輔弼＊・執行し、立法府は天皇の立法権を協力・同意する機関にすぎなかったんだよ。当時は、官尊民卑の発想が強く、国民から選ばれた議員によって構成する立法府よりも、天皇の命令を執行する行政府のほうが格上に見られる傾向があった。また、行政府の役人たちは、天皇に仕える者としての自負心も強く、帝国議会を軽んじる傾向もあったようだ。

ヒロキ　へぇー。

高　橋　戦後、国民主権のもと三権がそれぞれの機関に属するしくみに変更されたものの、大日本帝国憲法以前から続いてきた慣習などはいまだ残っているんだ。

みさき　立法府が弱いのにも歴史的な背景があるんですね。

ヒロキ　なんだか根が深いですね。ちっとやそっとじゃ変えられなさそうだな。

★総攬
統合して一手に掌握すること。大日本帝国憲法第4条で「天皇ハ国ノ元首ニシテ統治権ヲ総攬シ此ノ憲法ノ条規ニ依リテ之ヲ行フ」と定められていた。

★輔弼
天皇の権能行使にたいして助言・進言し、その全責任を負うこと。大日本帝国憲法第55条第1項で「国務各大臣ハ天皇ヲ輔弼シ其ノ責ニ任ス」と定められていた。

官僚のチカラの源

みさき　それにしても、官僚ってなぜそんなに強いのですか？

高橋　それはもちろん権力をもっているからだね。官僚主導の源泉は三つある。

一つ目は、予算編成。財務省を中心として国のお金をどう振り分けるかに大きく関与しているってこと。

二つ目は、法律の企画・立案。法律を制定する立法プロセスに大きく関与しているってことだね。

三つ目は、法規上の行政命令や、法規の性質をもたない行政規則。初めて聞いたかもしれないが、これは法律そのものが制定された後につくられる、具体的なルールや運用方法などを細かく定めたもののこと。立法府が関与しないかたちで内閣もしくは所管省庁が独自に定める。具体的には、政令、府令・省令、規則・庁令、告示、通達といったものがあるんだ。

この三つが官僚主導となる大きな原因だね。

ヒロキ　うーん、そもそも官僚の仕事ってなんなんですか？

高橋　本来は、政策の執行や行政事務が中心で、ルールをつくることではなく、つくられたルールをどう運用するかが仕事なんだ。ルールをつくるのは、本来、立法府に属する政治家の仕事だからね。ただ、最初の日に話したとおり、実際、日本の法律の八割から九割は、内閣が国会に法律案を提出する「政府提出法案」というものなんだ。政府提出法案は官僚がつくっているから、日本の法律案のほとんどは、事実上、各省庁の官僚が政策をもちよってつくっているってことだよ。効率良く運用するため官僚自ら法律案をつくり、それが法律となっているってことだね。

政官業の癒着はなぜ起きたの?

ヒロキ　じゃあ政治家はいつどこで、どうかかわっているのですか?

高橋　詳しくはもっと後のレッスンで説明するけど、国会の本会議やテーマ別に設置された各委員会*などで質問・要求して、官僚がつくった法律案を修正させていくんだ。その過程で、議員は、いわゆる各種業界団体や地元の有力者、首長などから受けた要望を、圧力に近いかたちで政府に訴えていくのが、バブル以前

★委員会
本会議で審議する議案を前もって審査（予備的審査という）するために、国会の各議院に分野ごとに設置され、国会議員で構成する合議体のこと。

の典型的な政治スタイルだったわけだ。

みさき　なるほど。少し状況が見えてきました。官僚が原案をつくり、国会議員がそれに意見をするというかたちで、ある種、一体になって法律案をつくってきたということなんですね。

高橋　そこに業界団体も加えれば、いわゆる「鉄のトライアングル」となる（図3参照）。

ヒロキ　なんですか、それは？

高橋　さほど聞かなくなったが、政治家と官僚と業界団体が一体化することを、鉄のトライアングルとかつて呼んだんだ。高度経済成長期は財政に余裕があったから、政策を実施するときに、税制優遇・補助金などを通じて産業を育成し、経済を支え、成長させていったんだ。

みさき　具体的には、なにが行われていたんですか？

高橋　業界団体は自己利益のために国会議員、とりわけ業界に理解ある与党の有力族議員に働きかけ、そ

図3　鉄のトライアングル

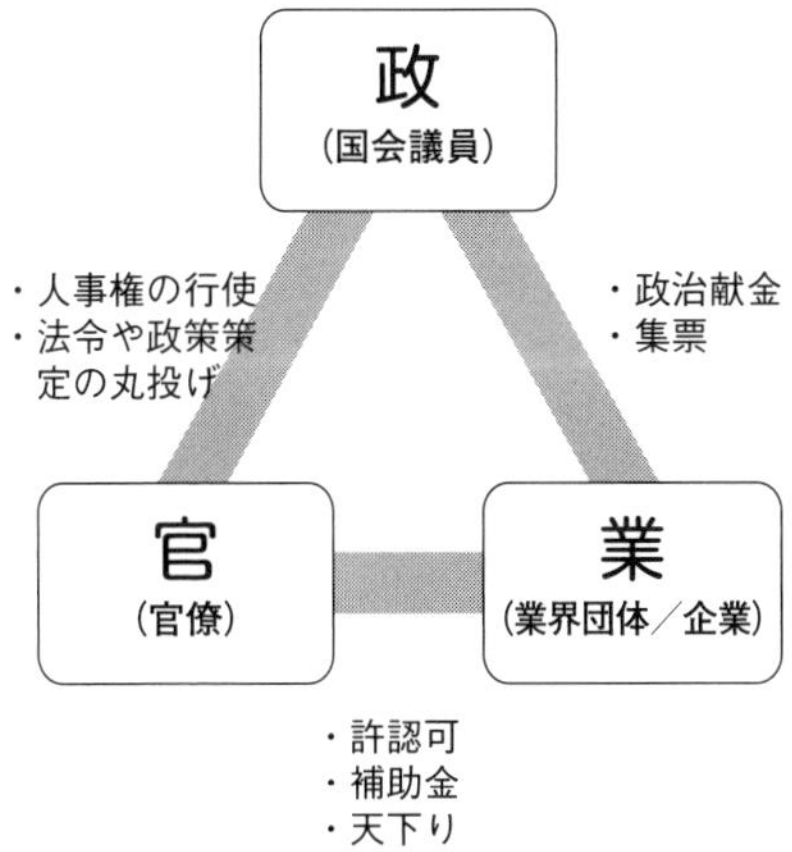

の見返りに国会議員の票を選挙に際してとりまとめたり、政治献金をする。族議員のドンは人事面で行政への影響力をもち、政策立案・立法を官僚に委ねつつ、重要な局面で政治力を行使してきた。

官僚たちは、与党議員間で利害対立に発展すればあいだに入って政策調整をしたり、あらかじめ国会審議をお膳立てしたりと、政治領域へ積極的に関与してきたんだ。また、業界団体との関係では、許認可権を行使したり、国庫から巨額の補助金を配分したりして、自分たちの利権・利益を確保することで統制を強めていく。その代わりとして業界団体は、官僚たちに天下りポストなどを用意する。

こういった緊密かつ強固な結びつき、利益誘導の統制システムが高度経済成長期以降に形成されたんだ。

みさき　法律案の作成、具体的な運用に際してのルールづくりを官僚が実際に担うというしくみが、自然な流れでできてきたんでしょうね。

高橋　ただ、バブル崩壊以降、税収が減り、巨額な財政赤字も抱えているという状況で、再分配する余力がなくなった。そうしたなかで、政治や業界との癒着や利権構造、官僚の汚職や不祥事などがクローズアップされるようになり、とくに官僚の天下りなどへ批判が集中するようになったんだ。それにより、鉄のトライアングルの機能も低下しはじめた。

ヒロキ　金の切れ目が縁の切れ目というわけか。分かりやすいなあ、世の中。

ボトムアップ方式の限界

みさき　バブル崩壊以後はどうなったのですか？

高橋　当然、ある政策を実行したくても予算がないという事態がうまれてきた。たとえば、地元の公共事業にいくらだしてくれという要望があっても、はい分かりましたという訳にはいかない。予算を確保するためには、政策の優先順位をつける必要がある。そうなってくると、トップダウンの意思決定と政治による調整機能はより重要になるんだ。いままでどんぶり勘定で、細かいことを官僚に丸投げしてきたこともあって、政治の側にその経験が乏しい。また、政策の優先順位をつけようにも、政治家たちが様々な票田、利害関係、人間関係などに縛られてきただけに、思い切った組み替えもできない。だから、事態がなかなか進展していかないいんだ。

みさき　官僚の調整では解決できない場合が多くなってきたということですか？

高橋　そのとおり。以前であれば、各議員への根回し、省庁間の調整、業界間の調整というかたちで、官僚たちが差配してきたけれども、もはやそれだけでは済まない別次元の問題が多くなってきたんだ。政治判断が必要となればなるほど、越権行為を犯しやすくなるだけに、官僚がおいそれと立ちいれる領域ではないんだよ。

みさき　そういったものにはどういう例があるのでしょうか？

高橋　限られた予算のなかで政策の優先順位をつける場合を考えてごらん。公共事業を減らそうとなれば、国土交通省の予算が減ることになる。防衛予算を減らすならば、防衛省からの反発がある。なにが必要でなにがムダかというのは政治の側で一定の基準のもと判断していかないといけない。そういった基準がないと、省益拡大を図りたい各省の主張を鵜呑みにしてしまうこととなる。

本来、そこを調整するのが、内閣、つまり総理大臣と閣僚たちなんだ。でも、閣僚たちは所管大臣として、省庁の主張を代弁する側に立ってしまい、調整がなかなか上手くいかない。総理大臣の指導力と、財務大臣の調整力が求められているけれども、それも上手く機能せず、メリハリのある予算編成にならない場合が多い。

みさき　官僚も自分たちのやり方が上手くいっていないということは分かっているのでしょうか？

高　橋　理屈としては分かっているんじゃないかな。ただ、省の幹部クラスになると、どうしても組織防衛、自己防衛という意識が先行しがちとなる。変化させるってことは、いままでを否定することに繋がるわけだから、大きなリスクを伴う。正しい方向だと思っても、立場を考えたら、自分からは動かないほうがリスクが小さいということになりがちなんだ。

官僚とはそもそも

みさき　そもそも官僚はなぜ変えたがらないのでしょうか？

高　橋　ちょっと難しい言い方をするけど、法治国家として社会秩序を維持するには、合理的な管理・支配のシステムが必要なんだ。行政府は、内閣を頂点にヒエラルキー（階層秩序）にもとづいたピラミッド型組織で、定められた規則にもとづいた正当な権威として、合理的かつ機能的に動く。もし、政府の判断基準や法令の運用・解釈などがコロコロ変化したら、合理性や正当性、妥当性などが維持できなくなる。行政組織内部のみならず、社会全体にも無用な混乱を招きかねないんだ。だから、官僚たちは、これまでの経緯や前例などを踏まえた政策立案、法令改正などを行う。ある意味、官僚は「継続性の番人」といっていい。

ヒロキ　そうか、一貫していないといけないのか。

高橋　しかし、規則や命令をかたくなに重視しすぎると、それさえ守ればよいという発想になってしまう。その結果、形式主義、権威主義、事なかれ主義が横行するんだ。また、官僚は規則によって秩序づけられた明確な職務・権限、上意下達の指揮命令系統にもとづいて行動するため、所管する範囲でしか取り組まない。だから、セクショナリズム*に陥りやすく、責任の回避、秘密主義に陥りやすい。それゆえに、官僚は、大きく変更するようなことはほとんどせずに、前例踏襲もしくは微修正によって物事を解決しようとするんだ。

みさき　問題を起こしたくないからなんでしょうけど……。

高橋　行政の執行業務をするにはその判断を下す基準がまちまちだと責任問題につながるからね。それこそ行政訴訟につながるリスクもあるので、標準的なところにおくのは当然の帰結だね。

とはいえ、日本の特殊性もあって、お上意識が根強いんだよね。親方日の丸*と

★セクショナリズム
集団・組織の各部門が権限や利権の維持・拡大にこだわることで、縄張り意識が強くなり、外部からの干渉を排除する傾向のこと。部局割拠主義ともいう。

★親方日の丸
経営に破綻をきたしても倒産する心配がない、官庁や公営企業の仕事の甘さを揶揄する表現。

か、護送船団方式*とかいうけど、行政の判断は正しいという前提条件があるので、とりあえずついて行こうみたいな。でも、これは、逆にいえば間違ってはいけないということでもあるから、そうなると官僚の側も前例を踏襲することが強まっていかざるをえないね。

政治家と官僚のあるべき関係

みさき　そうすると、政治主導の流れをつくっていくためにはどうすればいいのですか？

高橋　状況変化により、政策や法令など大幅な変更が必要だとしても、それを官僚に要請、期待するのは酷な話だし、そもそも間違いだ。前例にとらわれず、必要に応じて前提を壊しながら、変革・変化をつくりだすべきは、時の内閣、つまり政治の役割なんだよ。

イノベーションを起こす政治家と、継続性の番人である官僚という役割分担のもと、双方が綱引きを繰りかえす。その緊張関係、アクセルとブレーキを使い分けながら、よりよい方向へ変革・変化していく。まあ、これが望ましい姿なんじ

★護送船団方式
特定の産業において最も体力のない企業が落ちこぼれないよう、監督官庁がその許認可権限などを駆使して業界全体をコントロールしていくこと。「護送船団」とはもともと軍事用語で、船団を護衛する際、最も遅い船に合わせて航行することから名付けられた。

ゃないかと思うよ。

みさき　官僚バッシングしていてもダメで、政治家の力量が問われているってことですね。

ヒロキ　すいません、いまさらなんですが、そもそも政治主導ってなんなんですか？

高　橋　そうか、説明が足りなかったね。政治主導といっても、主体がどこになるかによって、その意味する対象は様々なんだ。かつての自民党単独政権時代のような与党実力者などが実権を握る「与党主導」や、野党を含めた「立法府主導」などもある。また、閣議に根拠を置く「内閣主導」、総理大臣およびそれを支える内閣補佐機構（内閣官房など）がイニシアティブをとる「官邸主導」、総理大臣本人がリーダーシップを発揮する「総理主導」など、一言に政治主導といっても、様々な意味をもつんだ。

ヒロキ　先生はどれがいいと思っているんですか？

高　橋　こうした整理を踏まえていうと、政治責任の所在、本来あるべき主体は、内閣（閣議）、さらにいえば行政府全体を指揮・監督する総理大臣であるべきだと思う。内閣、とくにその首長たる総理大臣が政府機関全体をガバナンスできる体制を整えるとともに、政権の運営力を高めていくこと、これが僕の考える政治主導だね。

憲法では、行政権は総理大臣とその他の国務大臣で組織する内閣に属する（日本国憲法第65条、第66条第1項）とあって、その行使について、内閣は国会に対し連帯して責任を負う（第66条第3項）となっている。内閣の連帯責任とあるように、政府としての最終決定は、総理大臣とその他の国務大臣で構成する内閣の合議体、つまり閣議での全会一致が原則となっているんだ。

その閣議を主宰する総理大臣が「内閣の重要政策に関する基本的な方針その他の案件」を発議したり、閣議などを通じて所管大臣に具体的に指示していくなど、いかにリーダーシップを発揮し、政権運営を行うのかが重要なんだよ。

みさき　リーダーシップを発揮するには、具体的にはどうすればいいですか？

高橋　どんな組織であれ、重要となるのは、「人事権」と「組織編制権」の行使だね。ただ、日本の内閣の場合、驚くことに組織編制権をもっていないんだ。

ヒロキ　その組織なんとかっていうのがどうして必要なんですか？

高橋　時代環境や価値観などは自ずと変化するから、必要となる政策の枠組み、組み合わせは当然異なってくる。内閣もしくは総理大臣に組織を編制する権限があれば、その時々の状況に応じ、省庁内の部局を組み替えたり、省庁をまたいだ統廃合・改編をしたりと、政府内の部局に分散する権限や機能を一元化することができるんだ。そうすれば、タテ割り行政の弊害や省益争いなどをなくしたり、組織機能を強化することができる。

ヒロキ　逆に、そこまで有効なものがなぜないんですか？

高　橋　日本の場合、各省の「設置法」というものがあって、その省の組織・権限・職務などが細かく規定されている。だから、行政組織の組み直しは、設置法改正を経ないと実施できないんだ。この設置法こそが、タテ割りシステムをうむ根源であり、官僚の権益を守る一つの砦にもなっている。だから、設置法改正により権益が侵されかねないとなれば、官僚たちは激しく抵抗するんだ。設置法を改正するのも、そう簡単な話ではないんだよ。

ヒロキ　ここでも官僚の壁かあ。

高　橋　本当は、総理大臣や所管大臣が、人事権とセットで組織編制を実施できれば、リーダーシップを発揮しやすくなり、柔軟かつ機動的な組織運営も可能になるんだけどね。

みさき　そうするとどうすればいいのですか？

高橋　だから、総理大臣がいかに人事権を掌握・駆使するかがポイントとなる。まず総理大臣は、閣僚たちの「任免権」を握っている。戦後第一位の長期安定政権を実現した佐藤栄作*総理は、「人事の佐藤」と呼ばれるほど、人事権を上手く活用した。戦後第三位の長期安定政権となった小泉純一郎総理も、タイミングを見計らって内閣改造を実施し、内閣の求心力、党内の結束を維持・強化した。

また、官僚との関係では、信頼関係をつくりつつも、いかに人事権を駆使して、使いこなすかだね。もっとも総理大臣や政務三役*がコロコロ代わるようでは、官僚たちも好き勝手に行動しはじめるから、統制がとれなくなっていく。いつまでいるかも分からない政務三役に、仕える気がしないのも当然だね。思い切った政策を提案しても、その政務三役が代わって頓挫したり、次の政務三役にその政策に否定的な人物がつけば、省内で憂き目を見るかもしれないからね。だから、政権の長期安定化が重要だし、各省を所管する政務三役もなるべく長くとどまるようにすることが、基本なんだ。

みさき　とはいえ、人事権だけでは限界もあると思うので、しくみそのものを変えようという動きはないのですか？

高橋　ここ数年、国家公務員制度改革で、人事院・総務省・財務省の人事関連

★佐藤栄作
池田勇人総理の後継指名で総理大臣に就任。ケネディ大統領のブレインチームをモデルに、独自のチームを組織した。戦後歴代政権のなかで最も長い安定政権（在任日数二七九八日）を樹立し、政権目標の沖縄返還などを実現した。

★政務三役
内閣府や各省の大臣、副大臣、大臣政務官のこと。

部局・機能を移管・再編するかたちで「内閣人事局」を内閣官房に設置しようとしている人だ。

みさき　設置されるとどうなるんですか？

高　橋　現在、各省庁職員の人事権は所管する各大臣にあるが、事務次官はじめ幹部職員の任免については閣議決定が必要というかたちになっている。つまり、幹部人事を各省バラバラに実施して、内閣がこれを承認しているのが現状なんだ。これを、一元管理して、内閣の人事機能を強化しようとしているんだ。内閣の意向にそって適材適所の人事配置ができるし、総理大臣を支える官邸スタッフに内外から優秀な人材を登用することもできるんだよ。

ヒロキ　人事権を行使しながら、しくみも変えていくことが、大事ってことか。

行政命令・行政規則ってなに？

みさき　話を少しもどして、最初に、官僚の権力の源泉は、「予算」と「立法」と「法規上の行政命令や法規の性質をもたない行政規則」だと、おっしゃっていたじゃないですか。それについて説明していただけますか。

高橋　国の法令は、おおまかにいって、①日本の最高法規である「憲法」、②国会が制定する「法律」、③法規上の「命令」、④法規の性質をもたない「行政規則」、この四層構造になっているんだ（図４参照）。このうちの、③と④のことなんだよ。これらは、立法府が制定に関与しないかたちで、行政機関が独自に制定できるものなんだ。

みさき　行政命令には、どんなものがあるのでしょうか？

高橋　効力の強い順に、まず内閣が制定する「政令」がある。政令は、法律の施行と同様、閣議決定が必要で、天皇が公布するんだ。それから、内閣府の長である総理大臣が定める「内閣府令」と各省大臣が定める「省令」、府省以外の行政機関が定める「規則・庁令」がある。

ヒロキ　どんな性質のものなんですか？

高橋　大別すると二種類ある。一つは、上位の法律な

図４　日本における法令等の構造（国内法）

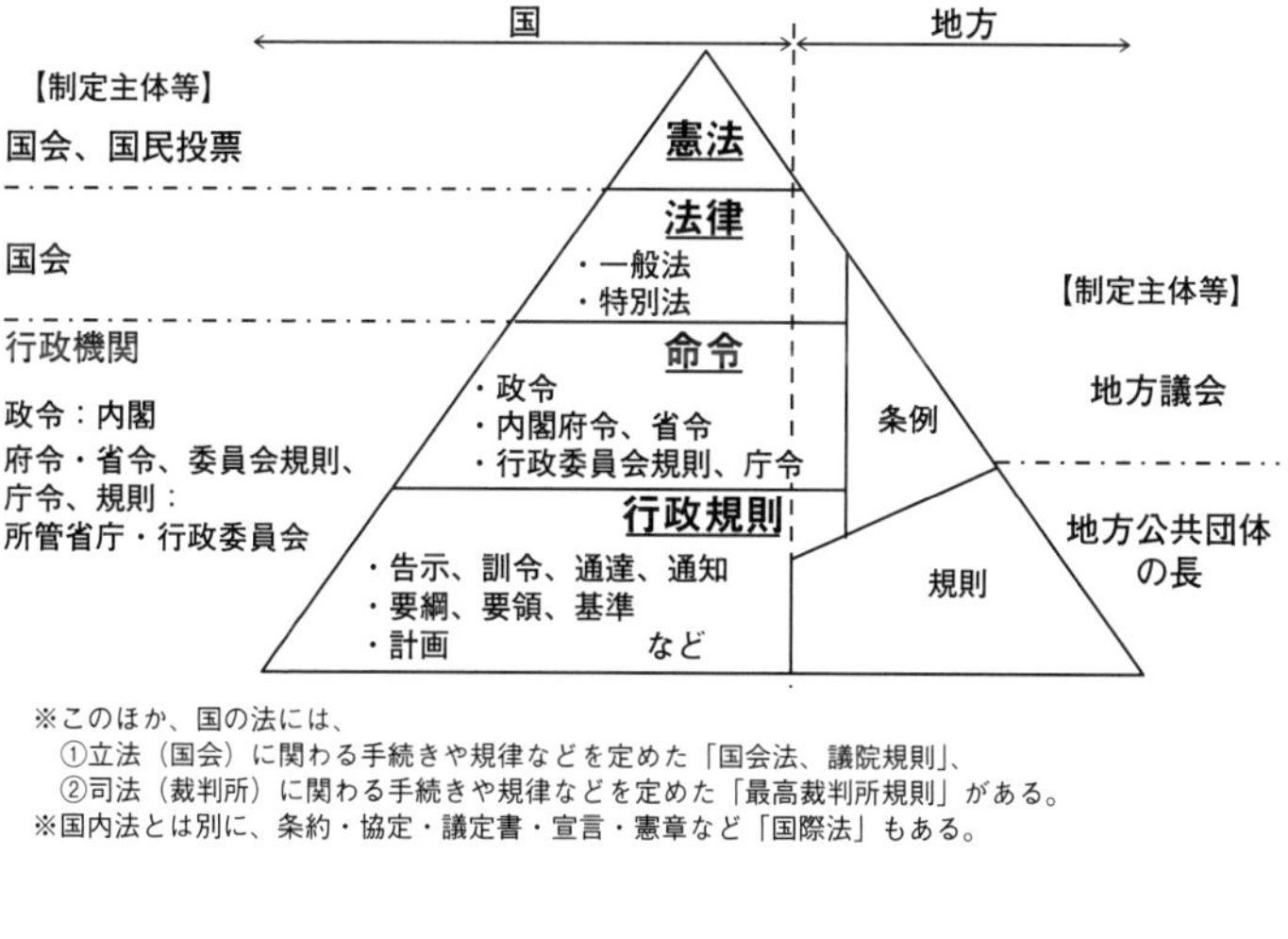

※このほか、国の法には、
①立法（国会）に関わる手続きや規律などを定めた「国会法、議院規則」、
②司法（裁判所）に関わる手続きや規律などを定めた「最高裁判所規則」がある。
※国内法とは別に、条約・協定・議定書・宣言・憲章など「国際法」もある。

どを執行するうえで必要な細則、解説などについて定めた「執行命令」で、○○法施行令・○○施行規則といったものがそれにあたる。もう一つは、法律が立法権を行政機関に委任したことにより定められる「委任命令」だ。法律を読んでみると分かるけれども、「～は別に定める」といった記述に出会う。これが委任命令のことで、「委任立法」「行政立法」と呼ばれることがある。

ヒロキ　行政立法ってなんだか不思議な名前だなあ。

みさき　いわれてみるとそうね。行政規則にはどんなものがあるのですか?

高橋　一方、「行政規則」には、必要な事項について公示する「告示」、所掌事務に関する見解・法令解釈・運用指針などを示達する「通達」などがある。このほか、要綱や要領、基準といったかたちで示されることもあるんだ。行政規則は行政機関内での命令やルール、基準などを定めたもので、本来、行政機関外にその効力は及ばないものなんだ。ただ実際には、法令によって委任された行政規則もあって、国民の権利義務が実質的に規定されることもあるんだよ。

ヒロキ　なんだか、いろいろありすぎてよく分かんないよな。

高橋　細かい説明をしだすときりがないのでやめとくけど、単純に命令をだす主体が異なっていると考えればいい。そして、下位にいけばいくほど、細かい内容になっていくんだ。

みさき　そもそも法律のほかに、なぜ行政命令・行政規則が必要なんでしょうか？

高橋　単純に、法律を毎回、改正するのは現実的ではないからだよ。法律の改正には時間がかかるから、行政上の運用で対処できる細かい規則や、専門技術的事項といったことまで、いちいち国会で審議し成立するのを待っていては問題の解決が遅れてしまう。非効率だし、あまり現実的ではないよね。だから、行政命令・行政規則というかたちで別に定め、必要に応じてそれを改正して対応しているんだよ。

みさき　小回りが利くようにしているってことですね。

高橋　法律は、状況が変化したからといって、すぐに変えなくてよいよう包括的に定め、解釈変更もできるように書かれていることが多いんだ。また、対象事案が専門化・高度化・細分化したりしていくと、条文が複雑になってしまう。だから、別途、行政命令に委任するかたちがとられることが多いんだ。

各種業界にある規制の多くは、法律でというより、「省令」、文書で業界団体や経済団体などに配布する「通達」といったかたちで実施されているのが実情なんだよ。

行政命令・行政規則のどこが問題なの？

ヒロキ　この命令とか規則になにか問題があるんですか？

高　橋　法律の条文が抽象的に定められがちだから、どうしても行政による判断余地が生じるんだ。行政命令・行政規則で定めることができるのは、補充規定や具体的な特例規定、解釈規定、施行に必要となる細則、基準といったものだけど、法令で委任されていれば、その範囲内で根幹部分まで踏みこむこともできるし、法規上の行政命令で罰則も設けることだってできる。先ほども少し触れたけど、鉄のトライアングルと呼ばれた癒着構造のなかで、具体的な運用ルールを決定できる範囲がどんどん拡大して現在にいたっている。法律を変えなくても、運用レベルでルール変更もできてしまうだけに、官僚が恣意的に判断することだってできてしまうんだ。

ヒロキ　都合良くつくれてしまうことの、旨味がいまいち分からないんだよな。

高　橋　ようはねぇ、自分たちの仕事を増やすことなんだよ。官僚は、所管する分野の「許認可権」、「行政指導」や「行政処分」などを行う権限を握っており、個々の事案について決定を下すことができる。そのうえ、省令なり通達をだすことで、判断基準やルールだって変更できる。所管する領域で影響力を誇示するのにまさに有益に働くわけだよ。そこに予算が発生すれば、省益の拡大になる。業務を担当しているキャリア官僚の省内での評価にもつながる。こんな美味しいことはないだろう。**〈↓コラム1参照〉**

ヒロキ　もろもろの事情がないまぜになって、既得権益化しているってことなのか。でも、そう聞くと、省益を拡大するのが目的で、世の中をよくするためにつくられているものには到底思えないのですけれどね。

高橋　しくみやルールを改善し、世の中がよくなった結果、省益が拡大していくなら、とくに問題はないよね。でも、世の中をよくすることと、省益が合致しないとき、自らの出世欲から省益を拡大するほうを優先した決定、ルール変更を行う官僚もいれば、本当にそれが正しい判断と思いこんで行動する官僚もいるということ。いかんせん、人間は一度つくってしまったルールやしくみにたいして、それを正しいと認識してしまう部分がある。状況変化に応じて、現状にそぐわないルールやしくみを見直し、更新していくってことを疎かにしてしまうんだよ。

コラム 1

官僚の隠れた権力――許認可権と行政指導

官僚は、政府提出法案や行政命令・行政規則の策定、補助金行政のほかにも、行政権を駆使して、国を動かしてきた。そのもっとも典型的なものが、許認可権と行政指導である。

「許認可」とは、公正な経済的活動の確保や国民の権利保護、生活上の安全確保などを目的に、監督官庁の判断で実施する規制行為である。監督官庁には、「許可」「認可」「承認」「指定」「届出」「登録」「検査」「検定」「認証」といった様々な規制権限があり、これらを「許認可権」という。許認可は、我々の日常生活に法律以上に影響を及ぼしているといっても、いいすぎではない。

なかでも「許可」は、行政上、もっとも影響力がある。法令により一般に禁止・制限されている行為のうち、行政機関が特定の場合や相手に限って、禁止・制限を解除するものである。

許可が必要な事業には、たとえば、電気事業法にもとづいて電力を供給する電力会社や、航空法にもとづいて人やモノを運送する航空会社、医療機器や医薬品・医薬部外品の製造販売などがある。

また、免許というかたちをとる場合もある。道路交通法にもとづく自動車などの運転免許や、医師や薬剤師、教員、調理師など特定業種に従事するために必要な資格免許、放送事業やタクシー事業、宅地建物取引業などを営む事業者に取得が求められる免許など、様々ある。

こうした事業者は、行政機関から許可を得ることで、特定の権利・義務を与えられ、事業を営むのだが、その一方で、監督官庁から様々な規制を受ける。たとえば、電力会社、航空会社やタクシー会社は、利用者料金を改定するなどの場合に、監督官庁の認可を受けなければならない。

このほかにも、許可よりも規制の程度が低いが、「認可」「指定」「届出」「登録」といったものが必要な業種も多くある。また、消費者や利用者などの安全を確保することを目的に製品規格を定め、「検査」「検定」「認証」が行われる場合もある。

違反行為などがあった場合は、法令にもとづいて営業停止や免許取り消しなどの行政処分が行われる。ただ、実際にはこうした処分が下される前に、あらかじめ行政指導がなされる場合がほとんどである。

「行政指導」とは、監督官庁が、行政手続法を根拠に、その事務の範囲内で、指導、勧告、助言などを行うことをいう。助言的な指導や、仲介や斡旋などの調整的指導のほか、指導される側の不利益とならない範囲内で規制するような半ば命令的な指導もある。監督行政上の判断にもとづく指導内容である場合が多く、官僚の裁量が働きやすい。

行政指導に行政処分は含まれていないため、法律上、指導を受けた事業者に従う義務はない。にもかかわらず、多くの事業者はそのまま従うケースが多い。というのも、行政指導の背後に、行政処分や許認可による間接的制裁がちらついているからである。また、行政指導に従わないことで監督官庁との関係が悪化して、事業活動に支障が生じることを懸念する。

こうした「許認可権」とセットになった「行政指導」は、事実上の強制力を伴い、大きな影響力を発揮してきた。だからこそ、長年、護送船団方式といわれる、監督官庁と業界のなれ合いや不透明な癒着をはびこらせ、行政権の肥大化・既得権益化を許してきたのである。

現在、行政手続法により、行政指導もある程度制限されるようになったが、裁量余地がなくなったわけではない。官僚に細かい判断を丸投げする「委任立法」が多くつくられている限り、裁量行政は続く。こうした状況を変えていくためには、国会議員が監督官庁から可能な限り言質をとり、抜け道の少ない法律、裁量余地を最小限にする法律を国会主導でつくっていくべきである。

ヒロキ　そこが「継続性の番人」たるゆえんか。

高橋　そのとおり（笑）。規制分野では、かつては省令などで定めた規制が上手く機能していたとしても、いまは足かせとなって、なかなかチャンスが広がらないというケースはよくあるんだ。そのようなとき、新興勢力などから変更要求があっても、従来型の業界利益を代表する人たちからノーといわれれば、行政もその意向にもとづいて要請を撥ねつけてしまうことがままあるんだよ。

結果として、新興勢力や新しいチャンスを潰してしまっている。そうしたなれ合い・癒着体質を変えていかないと、経済や社会にとって大きな損失だよね。

官僚主導のルールづくりを防ぐには

みさき　そうすると、官僚による恣意的なルールづくりを防ぐためには、どういう方法が考えられますか？

高橋　国会議員が、いかに所管官庁の言質をとるかがポイントになると思う。国会議員は、委員会質疑にたって所管官庁の進めようとしている政策、所管官庁の認識・見解について質したり、質問主意書*を提出して政府見解を質したりする

★質問主意書
国会法第74条に基づき、国会議員が課題について内閣の見解を質す質問文書のこと。所属議院の議長に提出・承認された質問主意書は、内閣に送られる。内閣は原則、七日以内に答弁書で回答することとなっている。

ことができるんだ。

ヒロキ　質すとどうなるんですか？

高　橋　委員会質疑は議事録として残るし、質問主意書は閣議決定を経て書面で見解が示される。こうした記録として残るものを積みあげておけば、所管官庁は自らの答弁などを無視できなくなるし、拡大解釈や解釈変更がしにくくなるんだ。

ヒロキ　やっぱり一貫性にこだわるんですね。

高　橋　過去に行った答弁や見解との整合性がのちのち問われかねないからね。だから、想定されるあらゆるケースをもとに、できるだけ多くの言質をとっておくことが重要なんだよ。どのような言質を引きだせるか、国会議員の質問力がまさに試されているというわけ。

みさき　ほかにはなにかありますか？

高　橋　また、法律で拡大解釈がしにくい条文にしたり、拡大解釈ができないよう詳細規定を盛りこんだりしていくことだね。霞が関文学*といわれる官僚独特のレトリックがあって、法律を読み解くノウハウが必要なんだ。

ヒロキ　僕には到底読めなさそう。

高　橋　ははは、だから、こうしたものを読みこなせる官僚出身者や立法経験者、

★霞が関文学
句読点の打ち方や「てにをは」の変更、「等」といった拡大解釈可能な用語の挿入などによって、解釈の余地を残したり文意を変更したりする官僚特有の作文技術のこと。

法律家などに法案チェックをアウトソースして、官僚がしかけた落とし穴を潰しておくというのも一つの方法なんだ。おいおい話していくけど、僕も一員の政策コンサルティング会社では、立法サポートをやっていて、こうした依頼もあるんだ。ようは、国会内外で二重三重のチェック体制のもと、法律を仕上げるよう努めていくべきなんだよ。まあ、それでも完璧な法律に仕上げるのは現実的に難しいし、官僚による拡大解釈の余地がまったくなくなるわけではないんだけどね。

みさき　裁判所、というか、法律をチェックする司法はなにか判断しないのですか？

高橋　いいところに気づいたね。司法判決でルールが見直されたりすることもあるにはあるんだけれども、判例を積み重ねるまでに時間がかかるし、裁判で争うことも難しい場合がほとんどなんだ。直接の利害関係者でも、行政処分などはっきりとした損害にかかわる事案でないかぎり、司法手段を用いることは難しい。だから、行政命令・行政規則に不服がある場合、直接の利害関係者が所管官庁に上申書や申立書などを提出して、意見を表明する方法をまず採ることが多いんだよ。

みさき　時代にそぐわない行政命令があったとして、これをなくすことはできるのでしょうか？

高橋　国会での追及や、メディアが騒ぐことで所管官庁にプレッシャーがかかるから、まったく変えられないということはない。ただ、行政命令・行政規則は所管官庁が独自に定めるものだから、担当者が取り消しを判断しないとなかなかなくならないものなんだ。やはり時の政権、つまり総理大臣が、トップダウンで規制改革に着手し、ルールやしくみを変えていくことがもっとも重要なんだよ。

これからの政治家の役割

みさき　ここまで聞いていると政治家に法律の知識がないことが、官僚に好き放題やられてしまっていることの原因だと思うので、これからの政治家は法律案を自ら書けてチェックできないとダメだってことですか？

高橋　国会議員の役割には、民意を国会の場に届けるとともに、国会審議を経て議決時に成否のどちらに投じるかという決定者という側面と、民意を踏まえて政策・法律案をつくる立案者という側面がある。どちらがより重要な責務かといえば、前者だろうね。極端なことをいえば、法律案を国会に提出し、それを審議するのは国会議員でなければならないけど、その土台となる政策や法律案のたたき台は誰がつくってもいいんだ。

ヒロキ　ということは、肝心なのは良いスタッフを集めることですか？

高橋　当然。もちろん国会議員に政策立案能力や立法技術を備わっているに越したことはないけれども、むしろ、それをサポートするスタッフたちや、専門家などの政策ブレインを確保し、チームで取り組んでいくことも非常に重要なんだ。与党の国会議員は、官僚をスタッフやブレインとして使うことができるけど、野党の国会議員は、日々の政策活動を支えてくれるスタッフやブレインが少ない。こうした野党の政策機能が弱いことも問題だね。

さらに、三権分立の観点からいうと、与党が霞が関をシンクタンク代わりにして、官僚依存を強めてきたことも大きな問題だよね。進むべき方向性も明確で、政府・与党と霞が関の利害が一致していたかつてなら、まだそうした役割分担も機能的だったかもしれないけど、政治の側がイニシアティブを発揮して変革を起こしていかないといけない局面で、いままで通り官僚依存を続けていても、一向に政治（内閣、総理）主導の政治にはならないんだ。与野党とわず、独自のスタッフやブレインをより多くもつことがとても重要なんだよ。

ヒロキ　一にも二にも、国会議員の側が積極的に法律案をだせる体制をつくっていくことが重要になるってことかぁ。

議員立法のすすめ

みさき　政治主導の立法を実現するには、どうすればいいのですか？

高橋　与党が政府提出法案と議員立法を上手く使い分けるのも一つの方法だと思う。日本は議院内閣制だから、総理大臣は与党党首でもある。だから、与党党首として党執行部に「この法律をつくれ」と指示し、党で法律案を作成すればいいんだ。ようは、与党として議員立法を進めていけばいい。これは、衆議院の議席過半数を握る与党だからこそできる方法なんだけれども、政治主導を実現するためにも、もっと駆使していくべきだと思う。

ヒロキ　へぇー。

高橋　そもそも法案提出権は、立法府を構成する国会議員が保持する重要な権限の一つで、野党や政府の専売特許ではない。当然、与党議員にも法案提出する権利があるんだ。もったいないことに、野党時代には議員立法を積極的に行っていた民主党*も、与党になってからは、ほとんど活用しなかったね、結局。

みさき　実際、どういうメリットがあるんですか？

高橋　官僚の既得権に絡むような改革を、官僚自らにやらせていても埒があかないでしょ。官僚は、当然、自縄自縛となるような法律案はつくりたがらない。だから、官僚につくらせるのではなく、与党の議員立法として提出して、成立させてしまえばいいんだ。そうすると、官僚は、そのプロセスに直接手出しできなくなるし、法律にのっとって執行しなければならなくなるからね。

ヒロキ　そんな簡単に上手く行くんですか？

高橋　官僚は法律の枠を超えることまではしないし、国会で成立してしまえば、官僚といえども従わざるをえないからね。権益意識・所管意識が強いってことは裏返せば、越権行為はしたがらないってこと。越権行為をするとかえって、自分の出世に響くからね。だから議員立法をする側が、官僚の思い通りにならないように、法律案をチェックするなど、サポート体制を構築していけばいい。

みさき　具体的には、どんな問題に向いていますか？

高橋　たとえば、行政改革を担当大臣のもと行政組織内だけで進めようとしても、限界がある。当然、既得権に絡むから、官僚は必至で抵抗しようとする。政

★民主党
新党さきがけの代表幹事だった鳩山由紀夫が、リベラル勢力の結集をねらって、菅直人らと一九九六年に結党。野党勢力を吸収合併しながら拡大し、二〇〇三年には小沢一郎率いる自由党が合流した。二〇〇九年に政権交代を実現したが、二〇一二年で大敗し下野した。

府提出法案で対処しているかぎり、骨抜きにあうことは避けられないし、一向に結実しない。行政改革や公務員制度改革、天下り根絶、特殊法人の改革など、行政の既得権などに絡む根幹課題は、やっぱり議員立法で対処するのが望ましいのではないかと思う。

ヒロキ　官僚の人に葛藤はないのかなぁ。

高橋　担当大臣を支える官僚は、自らを縛る政策や法律をつくらないといけないから、複雑な立場だね。大臣のもとで忠実に改革を進めていくか、霞が関の既得権を守るために背信的行為をするか。その判断によって、これまで仲間だった人たちが、一夜にして敵になるなんて話もよくあるね。

ヒロキ　継続しているだけじゃ、ドラマはうまれないんだよな、やっぱり。

高橋　ははは。ドラマなく上手くいくのが本当は一番いいんだけどね。なにはともあれ、議員立法は野党だけのものではなく、与党も積極的に使っていく意義がある。行政府のトップである総理大臣は、立法府の多数を占める与党党首でもあり、二大権力を掌握している立場なのだから、その二元的地位を上手く使い分け、政府・与党それぞれのガバナンスを利かせれば、政策づくりのイニシアティブをとることができるはずなんだ。実際、なぜその結論にいたらないのか不思議でならないくらいだな。そもそも、それが政治（内閣、総理）主導の一つのカギなんだから。

みさき なるほど、でも肝心の、政府提出法案、議員立法というのが、具体的にはまだよく分からないんですが……。

ヒロキ 分かった気になっていたが、そういわれてみれば。

高橋 もちろん、その辺のことは、明日以降説明していくので心配なく。とりあえず今日はこんな感じかな。

応用編

法律のつくり方おしえます

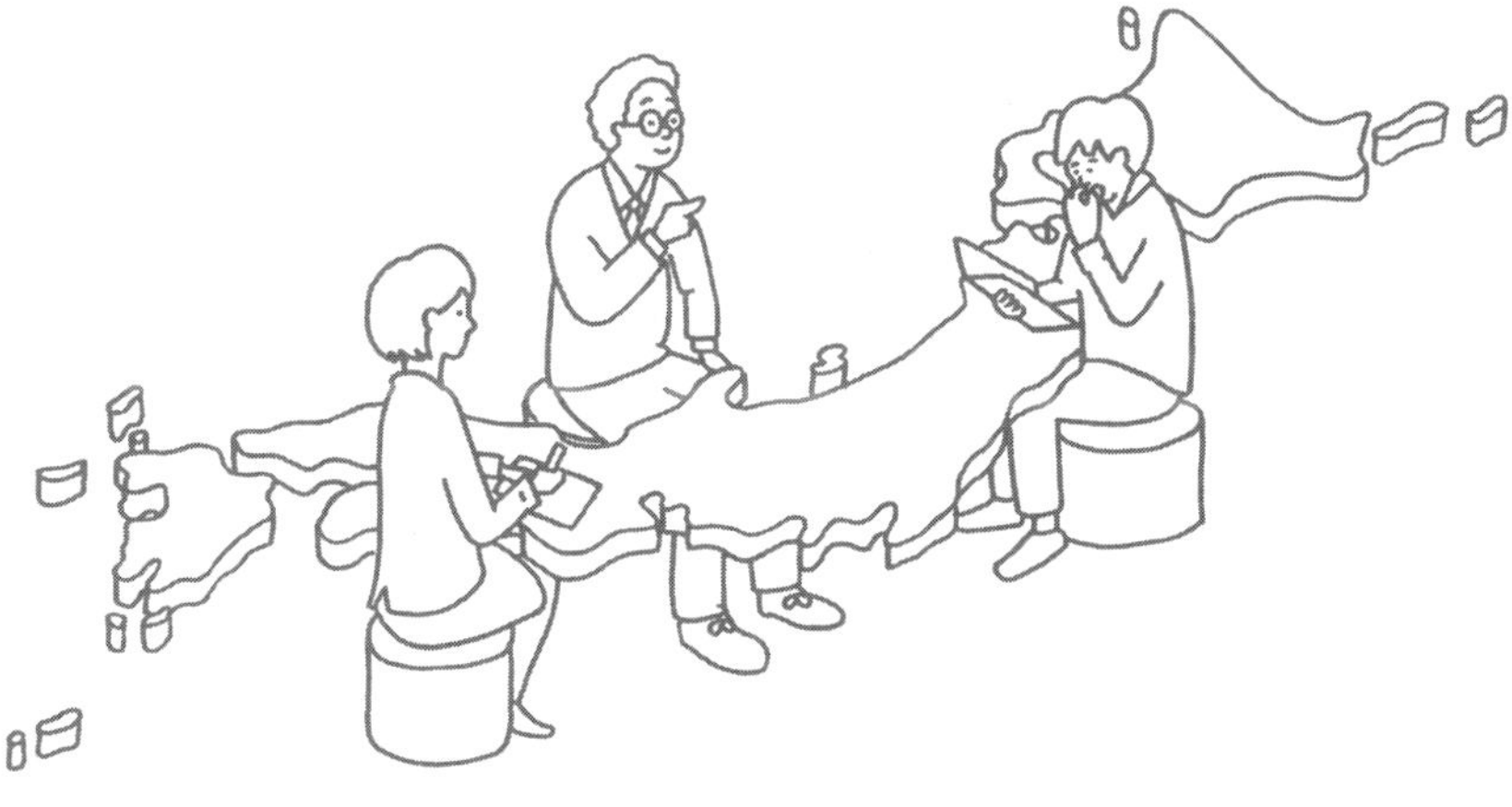

Lesson 4　政府提出法案ができるまで

ボトムアップの法案づくり

みさき　立法のやり方を知る意義がなんとなく見えてきましたが、ここからがいよいよ本番ですね。

高橋　はじめに断っておくけど、まずは自民党単独政権時代のプロセスから説明して、民主党政権になってどう変わったのか、という順序で説明をしていくので、よろしく。

それじゃあ、専門用語なども交ぜていくけど、しっかり聞いてね。

まず、日本の立法プロセスは、大きくわけて「政府提出法案」と「議員提出法案」があると、昨日までの講義でいったけれども、今日、扱うのは「政府提出法案」。政府提出法案っていうのは、総理大臣が内閣を代表して国会に提出される法律のこと（日本国憲法第72条、内閣法第5条）。通称、「閣法」という。これがいまの日本の立法の八割方を占めるのは、少し触れたね。

ヒロキ そうすると、内閣っていうのは、大忙しですね。裏返せば、国会議員は、仕事をしていないってことですか？

高橋 ははは。そうともいいきれないけどね。ちなみに、議員提出法案は、国会法第56条にもとづき、国会議員が所属している衆議院や参議院に提出する法律案（それぞれ衆法・参法）で、その総称を「議員立法」と呼ぶんだ。

みさき 頭がこんがらがるので、とりあえず、政府提出法案を先にお願いします。

高橋 失礼。それじゃあ、どのようにつくられているか見ていこう（図5参照）。

まず、所管する府、省、庁の担当課または担当室が、法律案のたたき台となる草稿を作成する【プロセス①】。その草稿をもとに、法律案と関係する省内の課などと意見聴取や協議を行い、さらにはその上部にあたる局【プロセス②】、そして省内での討議へと進め、原案を固めていく【プロセス③】。ようは、現場がたたき台をつくって、徐々に上長が審議していく、ボトムアップの構造になっているんだ。

ヒロキ うーん、政府提出法案っていいながら、官僚の提案からはじまるんです

◆行政の組織構成

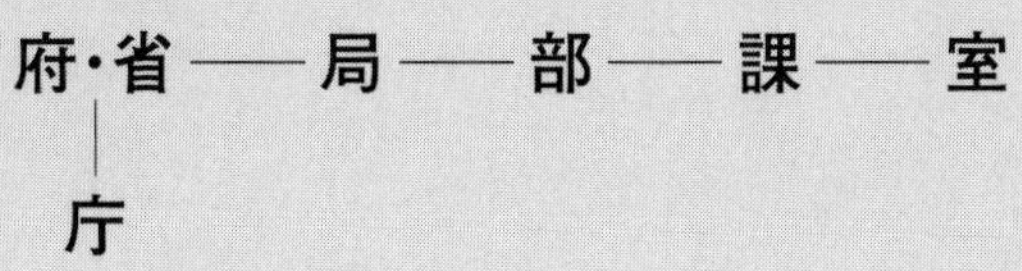

か？　官僚からはじまって、政府提出法案っていうのが、やっぱりいまいちピンとこないんだよな。

みさき　分からなくはないけど、行政権を担うのが内閣で、それを支える行政府に官僚が属している以上、官僚も政府の一員ってことになるわよね。だから、官僚が政府提出法案を発案しても、理屈上は間違ってないわよね。ただ、それがきちんと審議されず、すんなり成立してしまっているから日本の行政を大きく歪めている、っていうのが、先生の主張なわけでしょ。

高橋　そういうこと。詳細は後で説明するけど、最終的に閣議で決めて、内閣が国会に法律案を提出するから、政府提出法案なんだ。とりあえず、納得しなくてもいいから、先に進んで、全体像を把握できるようにしてみよう。

省内外での根回し

高橋　省内討議の段階に入ると、合議制の諮問機関（審議会）に意見を求めるんだ【プロセス④】。委員は、各界の代表や学識経験者・専門家などにお願いすることが多い。府省が審議会に意見を求める目的は、建前上、利害関係者の意見や専門

図5　内閣提出法案の立法プロセス

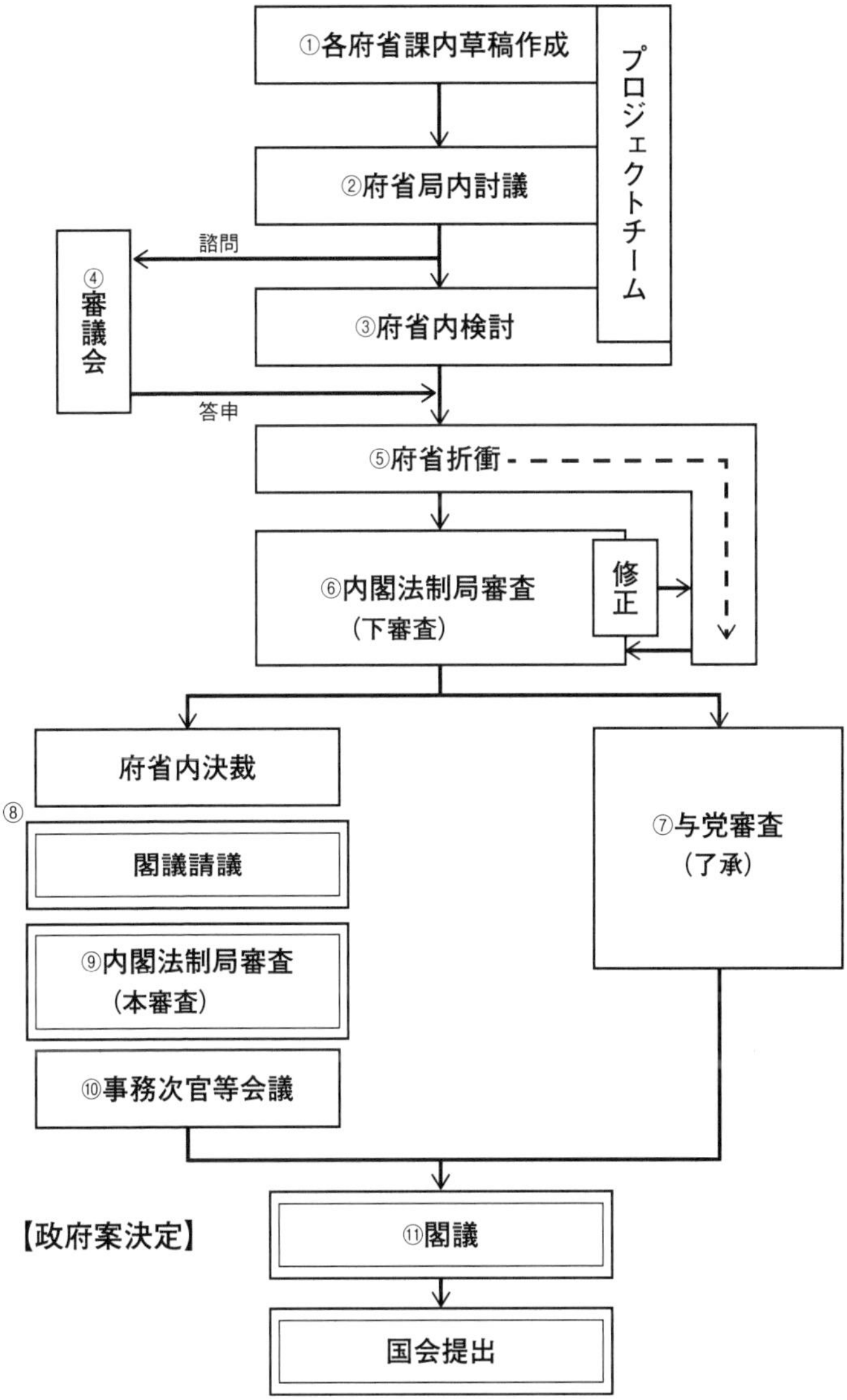

的知見を広く吸収して、政策立案・法案化を行うため。でも、実際は、第三者のお墨付きをえる「箔付け」、広く意見を聴いたというアリバイづくりの場合も少なくないんだ。

ヒロキ　頭の良い先生方を相手にして、そんな都合良くいくんですか？

高　橋　それはけっこう簡単。というのも、審議会の委員は非常勤で、事実上の運営は事務局である所管省庁の官僚たちが担っているからね。彼らが委員の選定、審議において必要となる政策情報の提供、スケジュール管理、審議の議題設定、答申案の策定などをすべて行っており、事前にお膳立てができているんだ。結果、審議会は官僚のシナリオ通りに進み、想定された結論にそった答申が多くなってしまうのは、いわずもがなだね。

みさき　私が事務局だったら、あんまり口喧しい人は、選ばないようにしちゃうかも。あるいは、そうした先生方が不都合な時間帯に会合を入れるとか、話す時間を物理的に少なくするとか。それが自然よね。

高　橋　実際そういうことも多いね。「御用学者」なんていい方も、官と学のこうしたなれ合いからうまれてきたんだ。

並行して、「府省折衝」、つまり関係府省との意見調整も行うんだ【プロセス⑤】。

お役所仕事なんていう言い方で、行政のタテ割り意識と構造がよく揶揄されるけど、官僚組織っていうのは、府省、さらには局や課にいたるまで、それぞれ強い縄張り意識をもっているもの。このため、事前に関係する府省に法律案にかんする「根回し」っていうのが、必要になるんだ。

ヒロキ　根回ししないとどうなるんですか？

高橋　そりゃもう馬鹿馬鹿しいけど、大変だよ。法律案を持ちこまれた側からしてみると、その法律案によって所管領域が荒らされたら、気にくわないわけだ。だから、必死に抵抗することもままある。組織間での縄張り争いに発展することもあるんだ。

ヒロキ　おー、ヤクザの縄張り争いみたいで、楽しそうですね。

高橋　映画にしても、そんなに面白くはならないな。まあ、だいたいは、提案側が妥協策を提示して決着するんだけどね。

さらに予算措置が必要な場合は、並行して、予算をどうするかって問題も解決しないといけないんだ。政策を実施するためには、財政的裏付けも当然必要でしょ。予算や予算参照書に掲げられている事項を実施するうえで必要となる法律案も別途、制定する必要があるんだ。こうした予算関連法案を策定する場合、財務省設置法に規定された予算編成権（同法第4条第2項）*を握る財務省、とりわけその主計局*との調整が不可欠となる。予算編成を担当する主計局は、府省の政策に強い影響力をもっているんだよ。

ヒロキ　財務省主計局ですか。なんだかよく分からない名前ですけど、敵に回したくない感じがしますね。

みさき　疑問に思ったんですけど、省庁をまたいだ、政策を取り扱う場合っていうのは、どうするんですか？

高　橋　いい質問だね。他省庁との関係に限らず、省内の場合ですらそうだけど、組織単位をまたぐ横断的なプロジェクトチームを立ち上げ、いままで説明してきた一連の討議・組織間調整を進めていくんだ。世の中が複雑になっている以上、単独の組織で解決できる問題のほうがむしろまれで、横断的にやらないと、にっちもさっちもいかない問題が山積している。今後、横断的な政策対応がさらに必要になるだろうから、柔軟に対応できる態勢にしていくことが重要だね。実際に、いまのタテ割りのしくみでは対応できない局面もいろいろでているしね。

なにはともあれ、こういったプロセスを経て、府省内でとりまとめられた原案は、各府省の官房の法令担当課（文書課、総務課）で法律案として最終的に整え

★財務省設置法第4条
財務省設置法の第4条で財務省の事務内容（全六七項）を規定している。このうち、第2項で「国の予算及び決算の作成に関すること」とあり、財務省は、これを根拠に政府の予算編成権は財務省にあると解釈している。

★財務省主計局
財務省の部局の一つで、国の予算編成や決算の作成を主な業務としている。各府省庁等の予算査定を行う立場にあるため、他の官庁にたいして圧倒的な力をもっている。

られるんだ。ここまでで、だいたい四分の一位かな。

ヒロキ　えー、なんだか、もう挫けそう。

みさき　一つの法律案をつくるって、結構、労力がいるんですね。

内閣法制局による審査

高橋　調整が一通り済むと、その後、内閣法制局*による下審査になるんだ【プロセス⑥】。

ヒロキ　初めて聞く組織です。

高橋　「内閣法制局」っていうのは、内閣が国会に提出する法律案や条約案などのすべてをチェック*する行政機関のこと。一般的にはあまり知られていないけど、立法プロセスにおいて、大きな力をもつ組織なんだ。

　その役割として内閣が国会に提出する法律案や条約案などのすべての審査を行なうんだ。ゆえに、「行政府における法の番人」と呼ばれたりもしている。

ヒロキ　すべてを審査するって、すごい重要な組織ですね。実際どんなことをしているんですか？

★内閣法制局
内閣におかれた行政機関で、その長は、内閣が任命する内閣法制局長官（特別職）。

★内閣法制局によるチェック
「閣議に附される法律案、政令案及び条約案を審査し、これに意見を附し、及び所要の修正を加えて、内閣に上申すること」（内閣法制局設置法第3条第1項）。

高　橋　内閣法制局の審査は、表向きは、所管府省が法律案について閣議にかける手続き（閣議請議）を行った後、内閣の窓口である内閣官房から内閣法制局へ法律案が送付されてからはじまることとなっている。ただ実際には、この段階ですでに、法律案は国会審議において修正する必要もないほど完璧なものに仕上っているんだ。つまり、法律面では問題ないので国会に提出しても大丈夫と、内閣法制局がお墨付きを与えるプロセスとなっているわけ。

みさき　そうすると、審査はいつ行われているのですか？

高　橋　最初に「下審査」っていったでしょ。実は、内閣法制局は、各省庁が原案をまとめ終わった段階から、より精緻で実質的な法案チェック、すなわち「下審査」を行っているんだ。

まず提案側の府省の課長補佐による説明が行われ、それを受けて内閣法制局審査担当参事官との質疑応答、討議という流れで懸案事項を細部にいたるまで一つひとつクリアにしていくんだ。具体的には、

① 新法もしくは法改正がなぜ必要なのかを含め法律案の骨子・要綱の確認

② 憲法とその他現行法令との整合性の確認

③　立法内容の法的妥当性のチェック、必要性にかんする検討
④　条文の表現・配列の適否
⑤　用字・用語の誤り

など、多角的に検討されていく。必要とあれば、この時点で原案修正も加えられる。こうした内閣法制局の審査を通過しないと、法律案を閣議にかけることがそもそもできない。

ヒロキ　うわぁ、なんだか厳めしいなぁ。怒られそう。

高橋　はは、法令審査を受ける担当者は、たしかにみんな暗い顔しているよ。

内閣法制局はなぜあるの？

みさき　それにしても、どうして行政のなかに、こんな厳しいチェック機関があるんですか？　裁判所に任せてはダメなのですか？　そもそも、裁判所も「法の番人」だから、「法の番人」が二人もいるって変な気がするのですが。

高橋　それは、鋭い質問だね。三権分立の建前からいえば、憲法や法律などの

解釈に最終決着を図るのは、本来、司法の役割。でも、前回すでに話したけど、日本の裁判所は、訴訟事案として審理し判決を下さないかぎり、個々の法解釈について認識を示すことはまずない。だから、たとえ審理されている事案であっても、裁判所の判決が下されるのを待っていては、法施行そのものが滞ってしまうんだ。

そのうえ、行政府としては、施行してしまった法令が、司法から違憲判決を下されることは当然回避したいよね。だから、内閣法制局は、各府省が提出する法令すべてについて、厳格かつ徹底した審査を行うんだ。実際、これまで内閣法制局審査を経て成立した戦後の法律で違憲判決を受けたものはないしね。

ヒロキ　一度つくったものを、否定されると立つ瀬がないとか、そういうことなのかなあ。

高橋　それもあるね。また、内閣法制局は、実質的な「内閣の法律顧問」*として政権維持・擁護に尽力もする。総理大臣や政務三役などの発言で法律問題に発展したときに政府の統一見解などをとりまとめ事態収束を図ったり、内閣が推進する政策について憲法・法律面で裏付け作業を行ったりしている。

ヒロキ　統一しないとどうなるんですか？

★実質的な「内閣の法律顧問」「法律問題に関し内閣並びに内閣総理大臣及び各省大臣に対し意見を述べること」（内閣法制局設置法第3条第3項）が根拠になっている。

高橋　各府省が独自に法解釈をして行政事務を行えば、組織間の見解不一致、利害対立などを招き、政府全体の統制はとれなくなってしまう。だから、内閣法制局が政府としての事実上の法解釈権を握り、統一見解を示して、各行政機関は、内閣法制局の見解や審査に従う。このことが、暗黙の了解となっている。

みさき　なんだかすごく大きな力をもっているんですね。

高橋　さらには、過去に示した憲法や法律の解釈・見解は、たとえ内閣が代わっても、原則、変更はしない。時々の内閣によって法解釈を変更してしまえば、合法性、行政行為の正当性そのものが疑われることとなってしまうからなんだよ。このため、内閣法制局は、法解釈を駆使して総理大臣や閣僚、府省担当者を説得するとともに、事実上の拒否権を行使することさえある。

ヒロキ　おお、格好いいなあ。でも、内閣が代わったら、法解釈も変わるのが普通な気がするんですけどね。変わらないとしたら、そもそも誰が内閣になっても同じじゃないですか。

高橋　その辺りが、「官僚内閣制」などといわれてきた所以だね。ちなみに、国会審議を経て法律が成立した後、内閣法制局が、法律との整合性を含め政令案も審査しているんだよ。

ヒロキ　政令って前回やりましたよね、たしか。

高　橋　そう、憲法や法律の規定を実施するために、内閣が決めてだす行政命令のことだよ。政令は国会の審議にかけることなく、閣議だけで決めることができるので、実質的に審査しているのは、内閣法制局ってことになるんだ。ということは、どういうことか分かる?

みさき　内閣法制局を通さないと、なにもことが運ばないってことですか?

高　橋　そのとおり。法律から法規上の行政命令にいたるまで、内閣法制局の審査なくしては、政策を実行することもできないんだよ。このため、原案を作成する各府省の担当課(室)は、作成段階で内閣法制局の審査担当参事官に法律的意見を内々に相談するかたちで、あらかじめ内閣法制局に説明し、調整するなかで内閣法制局の協力を引きだすよう根回しを行う。というよりも、行わざるをえない。

与党による「事前審査」

ヒロキ　なんだか、頭がクラクラしてきましたが、これでできあがりですか?

みさき　まさか。これじゃ、政治家はなにも仕事をしていないじゃない。

高橋　ようやく半分といったところかな。

こうして仕上がった原案は、政府提出法案として閣議決定する前に、今度は与党の政策審議機関*で法律案にかんする意見集約を図ったうえで、機関承認を行うんだ【プロセス⑦】。これは、自民党単独政権時代からはじまった「事前審査」と呼ばれる慣行の手続きのこと。

ヒロキ　また根回しですか。しかも、今度は、与党のなかで。政府の法律案を与党に根回しするっていうのが、やっぱりなんだか、よく分からないなあ。で、この事前なんとか、っていうのはなんのためにあるんですか？

高橋　歴史的な話になるけど、一九六〇年代初めまでは、国会での議論を通じ、政府提出法案に与党議員が反対意見を述べたり、審議の過程で与党議員も比較的自由に法律案を修正することもできたんだ。けれども、与党による法案反対は政府と与党の見解不一致となるから不謹慎だとか、国会運営にも支障をきたすといった批判がされるようになった。与党議員が政府・与党執行部に反発し国会審議で反対意見を述べたりして、党内不一致を露呈すれば足元が乱れてしまうし、野党に攻撃材料を与えることにもなり、審議が紛糾することにもなるからね。

★政策審議機関
国政政党の政策・法律案などを審議・審査する部署のこと。政務調査会（自民党）や政策調査会（民主党など）など、名称は各党によって異なる。

ヒロキ　ようは、大人のケンカはみっともない、そういうことですね。

高橋　それもあるね（笑）。そこで、こうした事態を回避し、法案成立を確実なものとするため、一九六二年、当時の自民党総務会長だった赤城宗徳氏が、官房長官の大平正芳氏に、政府提出法案を事前に与党（自民党）へ提出して審査を得るようにしましょうという要請文*をだしたんだ。さらに、各委員会での法案修正についても総務会の承認を受けるよう、国会の各委員会の委員長に求めたんだ。

これにより、国会に提出される法律案すべての最終判断は、原則として自民党総務会が行うことになったんだ。つまり、総務会が自民党の最終的な機関決定となったわけ。そして、その機関決定を踏まえ党議拘束をかけ、事前に党内の見解一致のもと国会審議に臨めるようにしたんだ。

こうした事前審査の開始により、自民党内の審査体制も整備されていったんだ。本格的に審査が実施されるようになったのは、一九七〇年代前半の田中角栄内閣のころからかな。

みさき　ということは、自民党の慣行がいつのまにか自然なプロセスになったってことですよね。そうすると、必ずしも必要なプロセスってわけではないってことでしょうか。

★要請文
「各法案提出の場合は閣議決定に先だって総務会にご連絡を願い度い、尚政府提出の各法案については総務会に於て修正することもありうるにつきご了承願い度い」（自民党「法案審議について」）

高橋　でもそれをいったら、官僚の根回しだって、必ずしも必要なプロセスではないってことになるよね。そのほうが効率が良くて、それが一つの慣行となって、いまにいたったってわけだよ。現在だとその弊害のほうが大きく、システムが機能不全状態だから、変えたほうがいいってわけだ。

与党審査のプロセス

みさき　具体的にはどのように進行するのですか？

高橋　各省庁の官僚が起草して下審査が済んだ法律案は、まず与党の政策審議機関の下部組織としてテーマ別に設置された部会*（民主党では部門会議と呼ぶ）で審査される。

ヒロキ　部会ですか。これまた初めて聞きました。

高橋　部会は、原則、一府一二省庁に対応するかたちで設置されており、政策テーマごとに様々な部会が開催されているんだ。部会長を筆頭とする党所属議員らによって議論や審査が行われる。所管府省の官僚から政府提出法案や政策などについて説明があるほか、該当する政策テーマを専門とする識者、業界団体関係

★部会
自民党の部会は、自民党のホームページ（http://www.jimin.jp/）の会議情報ページで開催状況と議題について知ることができる。その他の政党も、ホームページ上で活動情報などを公開しているところもある。

者を招いてヒアリングなどもある。省庁横断的なテーマの場合、合同会議を開いて対応する場合が多いけれども、世論の関心や重要度などに応じて、別途、特命委員会などを設置する場合もある。こうしたプロセスを経ながら、党としての対応案を固めていくんだ。

みさき　政治家と官僚のあいだでの、意見合わせっていうことなんでしょうか？

高橋　そうだね。所管府省の官僚たちは、与党の部会には陪席*することが多く、与党議員の発言などを逐一メモをとっている。議論された結論や与党議員の意見などを持ち帰って検討し、政府提出法案に反映、もしくはご説明と称して与党議員への説得工作なども行ったりする。

ヒロキ　ここでも根回しかあ。

高橋　そして、一定の結論がまとまった段階で全体会議が開催される。この全体会議は所属議員であれば誰もが参加し発言できる「ヒラバ」というんだ。自民党の意思決定は原則、全会一致としており、議論・意見集約を踏まえて詳細な審査を実施し、与党議員・官僚間の綿密な協議を行っていくんだ。

そして、部会の審査を終えた法律案は、政策審議機関の総会で承認を受け、最終的に与党として了承を行うんだ。連立政権の場合、連立与党間の合意もこの段

★陪席
議決権をもたない者が、会議に同席すること。

図6　与党の政策決定プロセス

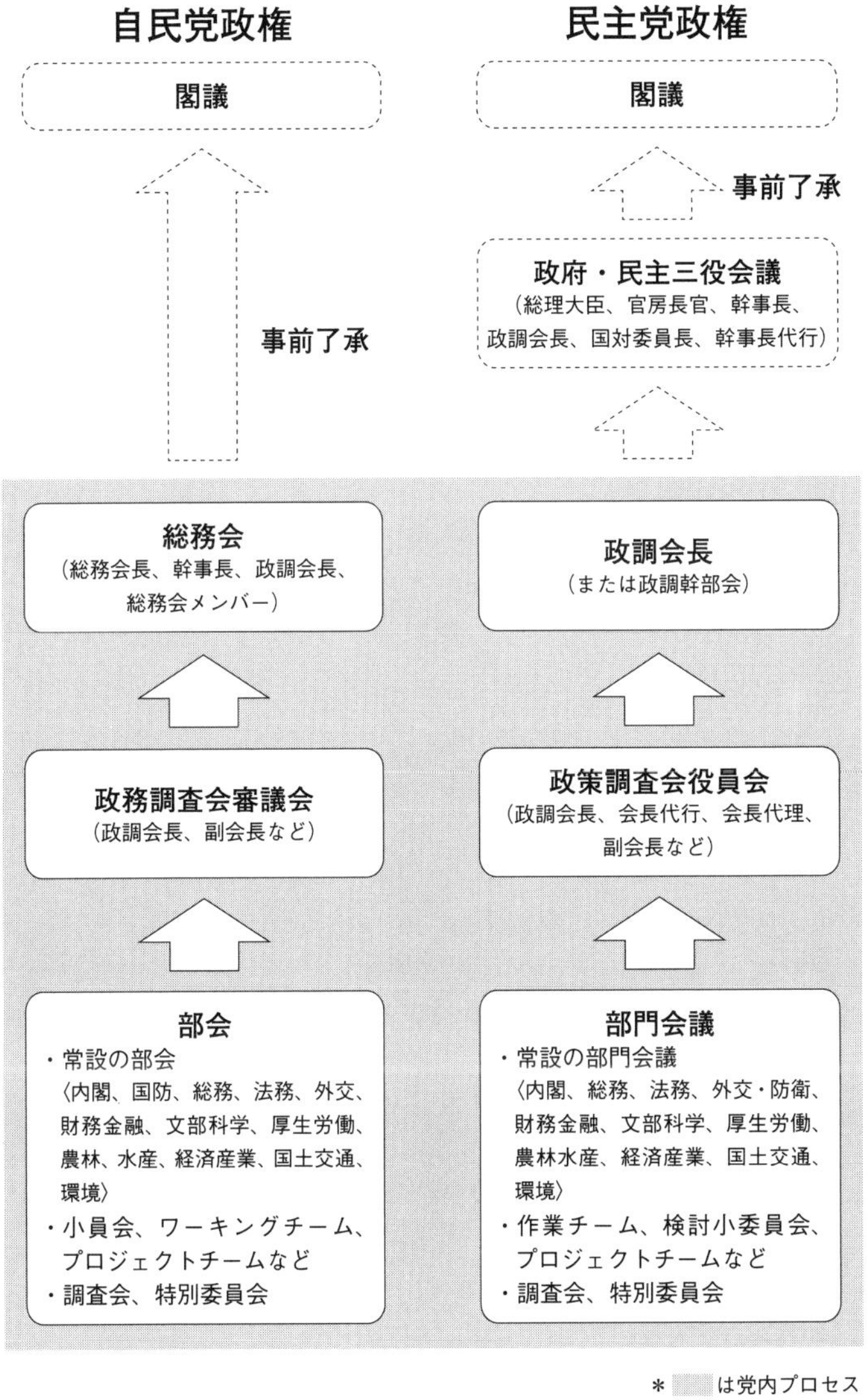
自民党政権
閣議
事前了承
総務会
（総務会長、幹事長、政調会長、総務会メンバー）
政務調査会審議会
（政調会長、副会長など）
部会
・常設の部会
〈内閣、国防、総務、法務、外交、財務金融、文部科学、厚生労働、農林、水産、経済産業、国土交通、環境〉
・小員会、ワーキングチーム、プロジェクトチームなど
・調査会、特別委員会
民主党政権
閣議
事前了承
政府・民主三役会議
（総理大臣、官房長官、幹事長、政調会長、国対委員長、幹事長代行）
政調会長
（または政調幹部会）
政策調査会役員会
（政調会長、会長代行、会長代理、副会長など）
部門会議
・常設の部門会議
〈内閣、総務、法務、外交・防衛、財務金融、文部科学、厚生労働、農林水産、経済産業、国土交通、環境〉
・作業チーム、検討小委員会、プロジェクトチームなど
・調査会、特別委員会
＊ は党内プロセス

階で行う。その機関決定を受け、与党議員には、決定内容にかんする党議拘束がかかる。

ヒロキ　党議拘束っていうのは、なんですか？

高橋　国会での採決にあたって、党の決定事項をあらかじめ決めておき、所属議員を従わせることをいうんだ。

ヒロキ　逆らうとどうなるんですか？

高橋　党によって異なるが、除名や党員資格停止などにおよぶこともある。

みさき　これ以降は、議論のなりゆきで、心変わりしても、原則意見を変えられないってことですね。

ヒロキ　それもなんだかなあ。

高橋　もちろん、人権問題や生命にかかわる問題など、法律案の内容によっては党議拘束をかけない場合もあるけどね。

こうして、法律案が閣議決定を経て国会提出されれば、与党議員たちは機関決定にしたがって、早期可決をめざすんだ。

事前審査のどこが問題なの？

みさき　このプロセスのどこに、問題があるとお考えですか？

高橋　特定の業界団体と結びついた族議員が台頭し、部会ポストを握ることで、事前審査のプロセスで強い発言力をもつようになっていった点だろうね。政策形成・決定にかかわるプレイヤーが多くなればなるほど、早い段階から参加できた者ほど有利に働く。それだけに、与党議員は、事前審査を通じて草案段階の法律案に影響を与えようとしたんだ。前にも説明した有力族議員・官僚・業界の「鉄のトライアングル」が分野ごとに存在し、与党の政策決定に大きな影響力を与えてきた。

みさき　議論をしているというより、政治家の意見を官僚がただ集約しているだけに見えるのですが……。

高橋　そうだね。ヒラバでの議論は、代替案を示すなどして政策論で討議しているというより、意見表明や要求などが多く見られる。また、賛成意見が表明されることは少なくて、どうしても、反対意見や注文を求める声が大きくなってしまうんだ。与党議員にとっては、地元有権者や業界団体などのニーズや要望を踏まえ、その要求を政策に反映させるための絶好のチャンスだから、ヒラバに参加してここぞとばかりに意見表明や要求をするんだよ。

みさき だから、関係業界などの利益を代弁するような発言をする人たちがたくさんでてきてしまうんですね。

ヒロキ なんだか、きな臭いですけど……。

高橋 しかも、かつて自民党の部会は委員制が導入されていて、限られたメンバーだけで審査・審議を行っていたんだ。また、議事録に発言が残る国会審議の場と違って、与党の非公式な会議体で行っているため、与党議員の発言が国民の目に触れにくくなっているんだよ。

ヒロキ 政治家の汚い印象っていうのは、こういうところから来ているんだろうな。

みさき どうも聞いていると悪い印象ばかりを受けるのですけど、どうしてこんなに悪いしくみがこれまで続いたのですか？

高橋 結局、当時の与党だった自民党にとって都合のよいしくみだったと同時に、官僚側にとっても都合のよい、効率的なしくみだったってことだね。議席多数を占める与党と事前に協議し、与党と官僚の利害が一致し合意を得たかたちで了承さえ得ておけば、国会審議で法律案が修正されることなくほぼ成立するからね。

とくに、予算関連法案の場合、国会審議の過程で野党の要求などにより自由に修正などが加えられてしまうと、予算全体にも影響を与えかねない。国会審議前に与党と協議し終えておけば、議論が予想外の方向へ進んだとしても、大幅に変更される可能性は小さくなる。場合によっては、与党の数のチカラで押し切り、法律案を修正することなしに成立させることも期待できる。

ヒロキ　ようは、後から反対意見をいわれたり、横やりを入れられると、お互い面倒だし癪にさわるので、先に決めちゃいましょう、っていうことですよね。

高　橋　まあ、そういう面もあるね。法律案の国会提出前における与党の事前審査とボトムアップの意見集約、審査終了後の党議拘束がセットになって機能してきたんだ。政策によっては、党内議論だけでは結論をだせない場合もままある。むしろ様々な党内勢力間の微妙な均衡のうえに成り立っていると考えたほうがいいね。

みさき　なんだか、こうしたやり方が続いてきたのが、いまから見ると素朴に不思議ですね。

事前審査がもたらした国会審議の形骸化

みさき　ここまでの話を聞くと、官僚がシナリオをつくって、政治家が意見して、その意見をシナリオに反映させているだけで、議論がなされているようには見えないですけどね。そもそも、国会で議論する意味がないですよね。

ヒロキ　なるほど、だから、国会議員は審議中に昼寝していてもいいのか。

高橋　ははは。与党による事前審査・機関決定による党議拘束で、国会審議が形骸化してしまったのは、たしかだね。党議拘束がかかる時点で、法律案の賛否が事実上、決定づけられる。与党議員一人ひとりの意思がどうあれ、国会議員の国会審議における自由な発言や政策立案活動、投票行動などに制限がかけられてしまうわけだ。だから、国会審議を通じて法案修正が実施される余地は、ほとんど残されていない。

そうすると、国会は、政府・与党に野党が論戦を挑むという形式的な国会審議にしかならないんだ。結果として、野党は、法案審議のスケジュール闘争をはじめとする国会対策や、国会会期末をにらんで審査未了による廃案へと追いこむなどの政治闘争に終始するようになってしまうんだよ。

みさき　だとすると、国会がまともに機能していないってことですよね。

高橋　そうだね。議院内閣制を採用している諸外国でも、内閣が政策を実現させるため、多数議席を占め法律案の成否を直接左右することのできる与党議員にたいして配慮を最優先するケースはよくあるんだ。事前に内閣・与党が非公式に折衝協議を行ったり、政策調整を実施したりね。でも、日本ほど高度に組織的かつ制度化された精緻な審査を実施している国はまずないね。そうした国々では、内閣・与党が事前協議で解決する見通しがたたなければ、議会に場を移し、審議することとなっているのが普通だから。

みさき　国会での審議を避けようとしているようにしか、見えないですね。

高橋　また、日本の事前審査は、政治（内閣、総理）主導も阻む要因にもなっている。というのも、与党の事前審査と機関決定を経ないかぎり、内閣は法律案などを閣議決定することができない慣行なんだ。内閣、あるいは所管大臣らの意向を踏まえて原案が作成されることはあっても、内閣不在のまま、閣議決定を得ていない原案段階で与党と官僚によって政策調整などが行われる。内閣は、事前審査・機関決定が終了するまで待たなければならないんだ。そのうえ、与党内の事前審査が終了し機関決定にいたれば、総理大臣、所管大臣といえども、閣議でその決定を覆すことは難しい。つまり、内閣は、閣議でほぼ追認するかたちで決定することになってしまうんだよ。

ヒロキ　とすると、トップダウンでなにかを決める余地がほとんどないということですね。

高橋　そういうこと。総理大臣や所管大臣が推し進めたい政策でも、与党内に強い反発があれば、コンセンサスが得られずに頓挫してしまうことだってある。総理大臣が与党党首としてリーダーシップを発揮するなどして、党内のガバナンスを利かせないと、党内の有力族議員たちによって骨抜きにあう可能性もあるんだよ。

欧米へのキャッチアップ、前例を踏襲しながらボトムアップで調整すれば解決できた時代は、トップダウンの政策決定より調整機能が重要だったから、事前審査もそれなりに機能してきた。でも、いまの日本は、羅針盤なき航海上にあるのと同じ。混沌として先の見えない状況下では、大きく舵を切るような高度な政治判断を、総理大臣がトップダウンで下さなければならないし、具体的な指針を示していかなければならないんだ。だから、事前審査のデメリットが顕著になってきた、というのが実情だと思う。

民主党はなにをしようとしたの？

ヒロキ　じゃあ、民主党政権が事前審査をなくそうとしたのは、正しいことだったんじゃないですか？

高橋　うーん、残念ながらそうとはいいきれないね。民主党がめざした方向性やアイデアは、それほど間違っていなかったと思う。でも、いかんせん運営する能力に欠けていた。結局、民主党内で分裂含みの紛糾を繰りかえしてばかりで、政権基盤をガタガタにしてしまったんだ。

みさき　具体的に、民主党はどんなことをやろうとしたんですか？

高橋　国民の審判を受けた国会議員が官邸、各府省の運営に名実ともに責任をもつとの方針のもと、「脱官僚（依存）」「政治主導」をめざしたのは、知ってのとおり。そのために、事前審査慣行をなくして、政策決定の内閣への一元化を進めたんだ。

民主党のしくみ改革としては、

① 民主党政策調査会を廃止し、「選挙や国会など議員の政治活動に係る、極めて政治的な問題」を除き、議員立法は原則禁止とした。

② 与党議員と官僚の接触が制限され、意見・提案などは各府省副大臣主催の政策会議などで聴取のうえ、大臣に報告するルールにした。

③ 個々の議員事務所に寄せられていた陳情や要望は、原則として民主党都道府県連に集約し、党本部の幹事長室もしくは組織委員会が一括して受けつけるしくみに変えた。

こうしたしくみの変更により、政策についての機能・権限は政府に一元化され、党務にかかわる権限は幹事長室に集中するなど、与党業務のスリム化が図られた。自民党単独政権時代の政策立案・決定システムを一変させようとした大胆な試みだったことは、たしかだね。

民主党が抱えた問題点

ヒロキ だったら、結局なにが原因で機能しなかったんですか？

高橋 実は、政権発足当初から、想定したプランに綻びが生じはじめていたんだ。

ヒロキ といいますと？

高橋 民主党は、当初、国会議員約一〇〇人で政権入りすると、政権交代前からいっていたんだ。イギリスのように、与党議員を可能なかぎり政府入りさせ、残りは民主党執行部や国会の要職などにつくイメージだったんだろう。しかし、現行の内閣制度では最大七二人までで、ポストを拡大させるためには、法改正が必要だったんだ。政府内のポストを増やせないという壁にぶち当たり、その結果、多くの国会議員が民主党内に残されることになった。

また、事前準備もできてなかった。民主党は、新しいしくみを既存の制度に上手く組みこんで機能させ定着させる能力に乏しかった。民主党関係者が制度を変えれば上手くいくと思いこんでいた節があって、イギリス政治をモデルにしくみを変えてみたけれども、どのように運用したら機能するかを疎かにしたんじゃないかな。

ヒロキ　やはり、制度を変えれば、万事ＯＫというわけではないんですね。

高　橋　政権交代後のタイミングは、内閣支持率も高い。だから、思い描く政権構想を具体化するためには、野党時代から「政治主導確立法案*」などを準備しておき、政権発足もしくは初動運営の段階で国会に提出して、世論などを味方に早期成立させてしまえばよかったんだよ。そもそも民主党が目玉政策にしていた国家戦略局の設置や、閣僚などのポスト拡大といった内閣制度・機能の変更、総理大臣の権限拡大は、政権基盤がよほど安定していないと実現するのが難しいんだ。政権発足後になってから、準備しているようでは遅い。総理大臣の権限が強まることを警戒して、官僚や野党のみならず、与党も足を引っ張ることが多いからね。

みさき　なるほど。取り残された民主党議員は、どうなったんですか？

高　橋　政策調査会の廃止などにより、多くの議員は、各府省の政策会議で意見や提案をする以外、党内での政策活動の場を失った。当選回数が少なく立法経験の浅い若手・中堅の国会議員、政調スタッフからしてみれば、部門会議などでの政策活動を通じ、政策形成・立案能力や専門知識などのノウハウやテクニックを

★政治主導確立法案
内閣官房の政策立案・調整機能を強化するため、民主党政権が立案した「政府の政策決定過程における政治主導の確立のための内閣法等の一部を改正する法律案」のこと。政権発足から四カ月半後の二〇一〇年二月、政府提出法案として国会提出された。二〇一一年五月、東日本大震災から復興や原発事故収束を担当する政務三役の増員を優先するため、政府・民主党は議案撤回を決定。衆議院本会議で許諾された。

習得していく絶好の機会なのに、その機会すらなくなってしまったんだ。

みさき　若手やスタッフが育たなくなってしまったんですね。

高　橋　また、議員立法の原則禁止により、民主党議員は、党内ばかりか、超党派による立法活動もできなくなった。その結果、政府や民主党執行部が決定した政策や法律案などに従うだけの存在となってしまったんだ。さらに、自民党単独政権時代よりも厳格な党議拘束が実施されるようになった。こうしたことへの不平不満が党内で渦巻くようになり、若手・中堅議員から政策調査会の復活を求める声が広がったんだ。

ヒロキ　理想に燃えて政治家になったにもかかわらず、自分にはなんの権限もなくて、ただの数合わせじゃないか、ということなんだろうな。

「政策決定一元化」の破綻へ

みさき　スタートで躓いた民主党はどうなっていったんですか？

高　橋　二〇一〇年六月に、米軍普天間基地移転問題で迷走したことなどの責任をとって鳩山由紀夫内閣が総辞職したことを受け、後を引き継いだ菅直人総理は、政府・与党の連携強化を目的に政策調査会を復活させたんだ。そして、政府と民主党との政策調整を担う政調会長を国務大臣として入閣させた。

みさき　これにはどういう意味があるのですか？

高　橋　政策決定の内閣への一元化を前提としつつも、党内の政策機能を復活させたんだ。その事実上の責任者である政調会長を国務大臣として入閣させることで、民主党内での政策論議を踏まえた意見集約から政府・民主党間の政策調整までを一元的に行おうとした。これにより民主党所属の議員が各種課題にたいする意見や提言などを行いやすくなったし、与党議員による議員立法が可能になった。しかし、政府と民主党のパワーバランスが崩れ、民主党議員たちが事前承認権をタテに、内閣を揺さぶる局面が増えていった。結局、菅総理は党内を掌握できないまま、退陣に追いこまれたんだ。

ヒロキ　そうすると、3・11の地震後に、激しい内輪もめをやっていたってことか。なんだかなあ。

高　橋　そして、二〇一一年に菅総理から引き継いだ野田佳彦総理は、政調会長と国務大臣の兼任を解いてしまった。これにより、①部門会議を中心に法律案や予算案、政策を審査・協議、②政調会役員会の承認、③政府・民主三役会議での承認を経て、④閣議決定という流れに変更されたんだ（図6参照）。党議拘束は、最終決定機関である政府・民主三役会議の決定を根拠にかかることになっていた。

みさき　というと、ようは元にもどったということですよね？　それじゃ、元の木阿弥ですね。

高橋　そういうことだね。民主党政策調査会による事前承認プロセスは、自民党単独政権時代の内閣・与党二元的政策決定システムが事実上、復活したとみていいんだ。しかも民主党には、政策形成にかかわる決定のしくみやルールはほとんど備わっていなかった。ゆえに、政調会長が一任を宣言して党内議論を打ち切るという、不透明な政策決定手続きを続けたんだ。その結果、社会保障・税の一体改革関連法の成立をめぐって民主党内が紛糾し、党分裂にまで発展した。

みさき　結局、自民党のシステムのほうがよかった、ということですか？

高橋　そういうわけではない。方向性や着眼点は間違っていなかったけど、民主党がそれに失敗したということだね。そこを混同してはならない。ようは、民主党が政治主導といいながらも、思い描いた政策決定システムの構築に失敗したってことなんだ。

この他にも、二〇〇九年衆議院選挙時のマニフェストの撤回、事務次官・局長による政策調整を容認、国会答弁する政府特別補佐人から外していた内閣法制局長官を復帰させるなど、官僚依存の運営へもどしてしまったんだ。閣内外への調整・根回し不足も目立ち、政府・民主党のガバナンスも利いていなかったため、政務三役たちのスタンドプレーや不適切な発言も横行した。

ヒロキ　その結果、国民はうんざりしてしまったというわけか。

閣議決定をもって政府案に

高橋　話を政府提出法案のプロセスにもどして、こうしてようやく与党の事前審査が終了し機関決定されると、ふたたび内閣法制局による下審査を受け、所管する府省は、国会提出に向け「閣議請議」の手続きを行うんだ【プロセス⑧】。内閣官房は、各府省より閣議請議案を受けつけ、内閣法制局に請議書を送付する。それを受けとった内閣法制局は、まず下審査の結果に照らして、担当参事官が最終的な法令審査を行う。これを「本審査」というんだ【プロセス⑨】。その後、「請議のように閣議決定のうえ、国会に提出されてよいと認める」と記した表書きを閣議請議書につけ、部長、次長、内閣法制局長官の順で決裁していくんだ。決裁が済むと、内閣官房へ回付されることになる。

内閣法制局による本審査を経た法律案は、その後、閣議に提出される。民主党政権で政府の事務責任者で構成する事務次官等会議*が廃止されるまでは、閣議を開催する前に、官房長官が事務次官等会議を招集し、閣議請議書にのっとって閣議に法律案を諮ることを全会一致によって確認していたんだ【プロセス⑩】。

みさき　調整がつかなかったり、全会一致できなかった場合は、どうするのですか？

高橋　原則として閣議に提出されないこととなっているけれど、これまで説明してきたように、事務次官等会議で扱われる議題のほとんどは、各省折衝などを通じてすでに根回しや合意形成されたものばかりなんだ。つまり、事務次官等会議は、これまで閣議案件にかんする最終確認の場として機能していたわけで、その翌日に開かれる閣議は、事務次官等会議の確認にのっとって法律案を了承するという、ある種のセレモニーなんだ。

全会一致で提出された法律案が閣議決定されると【プロセス⑪】、正式な政府提出法案となり、その日のうちに総理大臣から衆議院（もしくは参議院）へ上程*される。まあ、これでようやく国会に提出されるわけだ。

★事務次官等会議
閣議前日、一府一二省庁の事務方トップである事務次官が出席する定例会議のこと。法令上の開催根拠はなく、民主党政権で廃止するまで政府慣行で開催され続けてきた。官房長官が主宰する会議だが、よほどのことがない限り、事務担当官房副長官が取り仕切っていた。

★上程
会議に議案を提出・発議すること。

ヒロキ　なんだか、もうぐったりですね。

みさき　民主党政権以後、どうなっているんですか。

高橋　事務次官等会議は廃止され、重要政策や省庁間の調整について関係閣僚らが協議する「閣僚委員会」などが事前調整を行うこととなった。しかし、上手く機能せず、菅内閣以降、事務次官等による政策調整がふたたび容認されるようになった。事務方の連絡会議（次官連絡会議、各府省連絡会議など）で、水面下で確認しあっているようだ。

また、閣議では、官房長官による議事進行のもと、政務担当官房副長官が閣議への提出案件についての説明を行い、閣議に陪席する内閣法制局長官が法案概要にかんする説明を行っているそうだ。

みさき　政権が代わろうが代わるまいが、政府提出法案は官僚の存在なくしては、つくれないものなんですね。

Lesson 5　議員立法ができるまで

議員立法を支えるスタッフ

高橋　それじゃあ、今日は議員立法の説明をしていこうか。政府提出法案のプロセスがなんとなく頭に入っていれば、今日の内容はすぐ分かると思うよ。

みさき　法律って様々な人が関与してできあがると思うのですが、議員立法の場合、誰か手伝ってくれる人はいるのですか？　というのも、昨日の講義を聴いた感じだと、政府提出法案と同じことをしようと思ったら、とてもじゃないですけど、国会議員だけで立法するなんて不可能な感じがしたので。

高橋　いいところに気づいたね。じゃあ、国会議員の立法を支えるスタッフから説明していこうか。結論からいえば、トータルで一七〇〇人近い立法スタッフがいるんだ。

ヒロキ　えー、そんないっぱいいるんですか？　むしろ議員立法の数が少ないのが、不思議なくらいですね。

高　橋　数からいえば、日本の立法スタッフは、議院内閣制を採用する先進国の立法スタッフと比べて人員規模では遜色ないんだ。ただ、一つの組織としてではなく、いくつかのかたちで存在している。政策立案や立法活動など、国会議員を直接支えるスタッフ、いわゆる秘書。それから、立法府に設置された立法補佐機関。その他に、各政党に置かれている政策審議機関の事務局スタッフ。だいたい、こんなところかな。

政策秘書——立法スタッフ1

みさき　「秘書」というのは、どのくらいいるものなのでしょうか？　ニュースなどを見ていると、議員によって人数が違うような気がするのですが。

高　橋　国費で雇える秘書が、国会議員一人につき三名（国会法第132条）。そのうち一人が政策担当秘書で、政策立案・立法業務をサポートする公設の秘書なんだ。

政策担当秘書は、年一回行われる政策担当秘書資格試験*の合格者、もしくは資格審査認定者（司法試験など高度専門職等試験の合格者、博士号取得者、勤続一〇年以上の秘書など）のうち、国会議員によって採用された人たちをいう。

この政策担当秘書が、立法スタッフとして建前上は数えられていて、国会議員（定数七二二人）と同数いる。ちなみに、秘書の総数は、議員によっては私設秘書を雇っているところもあるので一概に何人とはいえないが、制度上は三人までが保証されているんだ。

ヒロキ　じゃあ、議員さんの周りにも、優秀な専門家がいるってことですね。

高　橋　いや、必ずしもそうとはいえない。政策や法律の専門家たちだけが政策担当秘書になっていると思われがちだけど、超難関といわれる政策担当秘書資格試験の合格者で政策担当秘書に採用された者は一割程度にとどまっている。実際のところは、勤続一〇年以上の秘書が審査認定されて政策担当秘書になっている場合がほとんどなんだ。

ヒロキ　えっ、じゃあその資格をとっても報われないじゃないですか。そもそも政策秘書ってなにをやっているんですか？

高　橋　担当する業務内容はそれぞれの議員事務所によって異なるけど、国会議

★政策担当秘書資格試験　試験は、一般教養と論文試験（一次）、口述試験（二次）からなり、国家公務員第一種試験と並ぶほど難関とされている。採用等は国会議員が決定するため、資格試験に合格したからといって採用が担保されるわけではない。

員の政策立案や国会活動のサポート、各種政策関連資料の収集および作成といった政策・立法関連業務だけでなく、事務所管理・運営、国会議員の日程調整を含むスケジュール管理、政治資金管理・経理業務、広報活動、議員会館内の国会事務所にかかわる雑務全般にいたるまで幅広く行っているんだ。

つまりは、政策担当秘書が、日々の事務所業務をこなしながら、政策関連業務もこなすというのが現状なんだよ。

ヒロキ それって、他の秘書がやっていることと変わらないですよね。厳しい試験に受かって、政策担当秘書になっても、その知識を活かせない仕事ばっかりだったらちょっとなあ。

高橋 議員事務所によって、いろいろ違いもあるから、一概にはいえないけどね。とりあえず、機能しているかいないかは別にしても、立法のためのスタッフが制度上は確保されているってことを、ここでは確認しておこう。

立法補佐機構――立法スタッフ2

高橋 次に、立法補佐機構について説明しよう。三つの機構があるのだけれど

も、トータルでいえば、約八〇〇名の調査・立法スタッフがいるんだ。これらスタッフは、

①「議院法制局」（衆議院・参議院それぞれ約七五名）、
②「国立国会図書館調査及び立法考査局」（一一室、約一七〇名）、
③「議院調査室」（衆議院調査局約二七〇名、参議院常任委員会調査室・特別調査室約二〇〇名）、

のいずれかに勤めているんだ。

みさき　それぞれどう違うんですか？

高橋　①の議院法制局は両院議長の直属機関として設置されていて（国会法第131条）、国会議員からの依頼にもとづき、法案要綱の作成や条文化作業などを行っている。

②の国立国会図書館調査及び立法考査局（国会法第130条、国立国会図書館法）は、国会議員の調査研究などを助けることを目的に、諸外国の制度や立法事例などの様々な政策調査、国内外の既刊出版物や学際的資料を中心とした情報提供などを

行っている。

③の議院調査室は、両院の常任・特別委員会に応じて設置されており、両院各委員会での審議にかかわる各種調査、審議に必要な資料の作成などを担当しているんだ。

みさき　国会図書館って、そういう役割もあったんですね。日本で刊行されたすべての本を保存するのが仕事だと思っていました。それにしても、一見充実しているように思うのですが、この立法補佐機構にもなにか問題があるんですか？

高橋　衆議院調査局などは中央省庁と人的交流を行っているだけでなく、中央省庁からの天上がり*ポストが用意されたりするんだ。こうした人的つながりを介して、中央省庁から政策関連資料や現場レベルの政策情報を取り寄せて委員会などに提供したりもしている。これってどういうことか分かる？

ヒロキ　……。

みさき　筒抜けってことですか？

高橋　そのとおり。国会の動向や国会議員の立法活動が中央省庁に筒抜けとなり、議院調査室から提供される政策情報も中央省庁に依存するといった状況なんだ。立法補佐機構と行政府間の人的交流、中央省庁からの出向・天上がりが常態

★天上がり
官僚が出身省庁を辞めて、他の政府機関の幹部に就任すること。

化すると、三権分立の観点から見て大きな問題があるんだな。

みさき　立法府を補佐する機関の人材でありながら、出向・出身元のために働いているってことですよね。機能しにくい理由が分かりました。

議員立法のプロセス

高橋　じゃあ、具体的に、議員立法がどのように企画・立案されているのか見ていこう（図7参照）。

まず、国会議員もしくは政策担当秘書などが、議院法制局に政策の法案化を依頼することからはじまる【プロセス①】。こうした政策立案・立法活動は、所属政党の部会組織として行動することもあれば、所属政党の国会議員有志、もしくは国会議員が単独で取り組むこともある。また、国会議員は、特定の政策・政治課題への対応や、業界連帯の推進、国際議員交流、文化・スポーツ振興などの様々な目的から、懇話会や研究会などの非公式の政策グループ「議員連盟」にも所属している。こうした議員連盟で政策活動に取り組むこともあり、必要とあれば議員立法も行っているんだ。

ヒロキ　ようは、まず政策ありきってことですね。

高橋　それは、当然。法律をつくることが目的ではないからね。

　国会議員は自らが掲げる政策を実現するために、議員秘書のサポートを得て、国会図書館調査及び立法考査局や議院調査室、所管府省や地方公共団体、民間企業・業界団体、シンクタンクや学者・研究者といった専門家などを通じて、調査資料や政策情報などを事前に集めるんだ。必要に応じて、専門的知見や関係団体の要望のヒアリング、現地視察なども行い、課題への見識を深めていく。部会など党として取り組む場合、所属政党の政策審議機関スタッフたちも国会議員の政策立案・立法活動をサポートする。こうした作業と並行して、国会議員が付き合いのある政策ブレインなどの協力を得ながら、どのような政策が必要なのか、どういった法的措置が必要となるかなどを多角的に検討し、政策内容の詳細を詰め、素案としてまとめていくんだ。

ヒロキ　いたって、普通ですね。

高橋　そうだね（笑）。そのうえで、新たに立法をする必要があったり、既存の法律の改廃が必要となったりした場合、国会議員は所属する院の法制局に法案化を依頼することになる。この時点で、依頼者側（国会議員、議員秘書および政調ス

図7　議員提出法案の立法プロセス

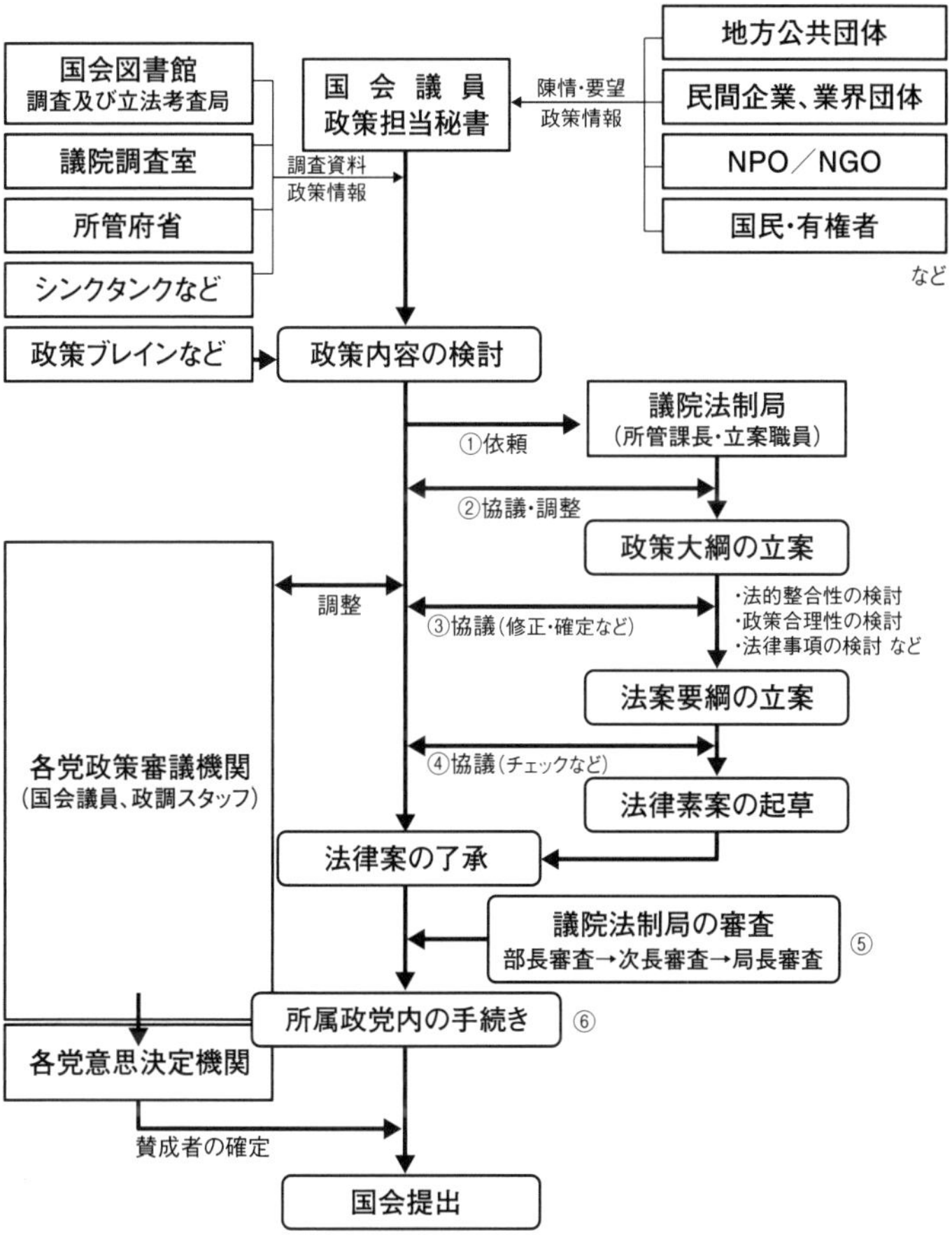

国会図書館
調査及び立法考査局
議院調査室
所管府省
シンクタンクなど
調査資料
政策情報
国 会 議 員
政策担当秘書
陳情・要望
政策情報
地方公共団体
民間企業、業界団体
NPO／NGO
国民・有権者
など
政策ブレインなど
政策内容の検討
①依頼
議院法制局
（所管課長・立案職員）
②協議・調整
政策大綱の立案
調整
③協議（修正・確定など）
・法的整合性の検討
・政策合理性の検討
・法律事項の検討 など
法案要綱の立案
④協議（チェックなど）
法律素案の起草
各党政策審議機関
（国会議員、政調スタッフ）
法律案の了承
議院法制局の審査
部長審査→次長審査→局長審査
⑤
所属政党内の手続き
⑥
各党意思決定機関
賛成者の確定
国会提出

タッフなど）と、議院法制局の立案職員（所管課課長、課員数名）による協議の場がセットされる。初回の協議では、依頼者側が立案職員にたいして素案を示し説明をする。立案職員は、依頼内容にかんする調査・検討をはじめ、新法・改廃の必要妥当性、現行法体系との整合性、政策の法的合理性などの観点から慎重に検討を重ねていくことになるんだ。

ヒロキ　なんだか政府提出法案のときより、明快な気がするのは気のせいでしょうか。

みさき　主体が明確だからかしら？　政府提出法案のときは、最初は誰かの発案でしょうけれども、審議していくうちに、誰が主体なのか曖昧になっていった感じがしたから。

高橋　そうだね。立案職員は、概ね依頼内容にそって検討を進めるけど、依頼内容によっては、法的観点から見て、既存の枠組みで政策対応できる場合や、現行法体系との整合性を欠くような政策などもあるから、そうした場合、代替案を提示したり、国会議員の了解を得て政策の変更・修正を行ったりするんだ。

その一方で、既存の法律が実態から乖離したり、抜本的改革や大幅な変更を必要とする場合は、依頼者側が既存の枠組みを超えて変更を求めても、立案職員が現行法体系との整合性や政策的合理性などの観点から問題点を指摘し衝突することもある。その場合、依頼者側は、既存の法令やしくみを見直す必要性について、立案職員を根気よく説得することが求められる。

ちなみに、憲法に抵触する政策や、刑事罰にかかわる事案、様々な解釈が存在し一定の結論がでていない課題などについては、議院法制局は厳格な対応をとる場合が多く、依頼者側と衝突しやすいといわれている。このように、依頼者側と立案職員が、立法趣旨と政策的方向性など依頼内容の詳細を確認しあい、時には衝突しながら、協議を重ねるんだ。

みさき　この辺りは、内閣法制局とのやりとりと、基本的には一緒なのですか？それとも、なにか違いがあるのですか？

高橋　基本的には、同じといっていいね。法的観点から立案職員は、依頼者との協議を通じて政策の基本的な骨組み（大綱、骨子）をまとめ【プロセス②】、さらには、懸念となりうる点を一つひとつ潰していきながら、法案要綱として固めていくんだ【プロセス③】。そして、依頼者側からその了承が得られれば、今度は条文化作業を行う【プロセス④】。条文化が終わった段階で、議院法制局の部長審査が繰りかえし行われる【プロセス⑤】。

ただはっきりと違うのは、議院法制局は国会議員の立法行為にたいする審査権はもっていないんだ。

みさき　といいますと？

高　橋　議院法制局は、内閣法制局と同様、立法技術の専門的な見地から法律審査を行っているけれども、国会議員の立法行為そのものを否定したり、阻んだりすることは越権行為となるし、国会議員が進めようとする政策や立法措置などが正しいかの政治判断には、原則として立ちいらないんだよ。

だから、議院法制局は、立法補佐行為を通じて、議員立法として提出される法律案について憲法や既存の法令との整合性、用語の使い方などの審査を行うことだけが役割なんだ。その後、法制局の次長、局長と審査され、最終案ができあがる。

みさき　協議から条文化にいたるまでに要する時間は、だいたいどのくらいかかるのですか？

高　橋　それは法律によりけり。短期間で終了することもあれば、半年以上かかる場合もある。素案段階でどこまで具体的になっているのか、また、どれぐらいの立法措置や変更が必要かによっても大きく異なるんだ。

こうして議院法制局の条文化作業・審査が終わると、政府提出法案と同様、党内手続きを経て【プロセス⑥】、提出者である国会議員が、所定の賛成者（国会議員）をそろえたうえで、国会発議、つまり所属議院の議長に提出することになる。

日本ではなぜ少ないの？

みさき 政府提出法案の説明をすでに聞いたということももちろんあると思いますが、大変分かりやすい印象を受けたのですけれども、なにが国会議員の議員立法提出を阻んでいるのですか？　議員提出法案の成立率は、政府提出法案に比べると少ないですよね（図8参照）。

高橋 日本の議員立法が低調である要因として、一つは、国会議員の発議要件*が法的に制限されている点かな。この制限によって、たとえば、衆議院で二一議席に満たない小政党は、法律案そのものを提出することができない。つまり、議席の足りない小政党は、政府提出法案への独自対案さえ、国会審議で提示することができないんだ。

戦後まもなくは国会議員一人でも法案提出が可能だった。しかし、支持団体や

★発議要件
国会議員が議案を国会提出する際に必要な条件のこと。

地元選挙区に利益を誘導するような法律案を乱発されることへの批判から、一九五五年に国会法が改正された。この改正で（国会法第56条）、国会議員が議案を発議するには、発議者一名以上のほか、衆議院で二〇人以上、参議院では一〇人以上の賛成者を必要とすることとなった。また、予算関連法案の場合、衆議院では五〇人以上、参議院では二〇人以上の賛成者が必要となったんだよ。

ヒロキ　ハードルが高いなあ。

高橋　この法改正により、当時、年平均一〇〇本以上あった議員立法の提出数は、一〇〇本未満に減じ、徐々に減少の一途をたどることとなった。一九八〇年代以降になると、与党議員が個々に発議する必要性が乏しくなり、年平均五〇本未満となり、議員立法も低調状態が続いたんだ。与党議員が関与する議員立法は、超党派で合意した法律案や緊急性の高い法律案などのほか、官僚が立法化した法律案を委任されて議員立法として形式的に提出する場合などに限られていったんだよ。

ヒロキ　そして、いまにいたるわけか。

高橋　この結果、野党を中心に議員立法を提出するようになったのだけれども、いくら国会に提出しても与党の数のチカラには勝てない。実際、議員立法のほとんどが審議されることもなく、廃案または継続審議となっているケースがほとんどだった。そんなわけで、野党が提出する議員立法のほとんどは、政府提出法案に独自の観点から修正を加えた対案として提出するか、独自色をだした法律案で政策競争をしかけたり、政党としての存在感を示すツールなどとして活用されていくことになったんだ。

ヒロキ ようは、上手く使われていないということか。他にも理由はあるんですか？

高橋 もう一つは、議員立法を国会に提出するにあたり、提出者の国会議員が所属する政党の機関承認を表す政調会長など代表者の職務印と、法案提出者が所属する議院の法制局長公印が必要という点だね。ちなみに、議院法制局長の公印は、議員立法として憲法・法令との整合性などの点についてチェックを受けた証を意味する。

議院事務局は、この二つの印がなければ法律案を受理しないんだ。これは、各会派の責任者が、衆議院議事課長及

図８　法律案の年間成立率

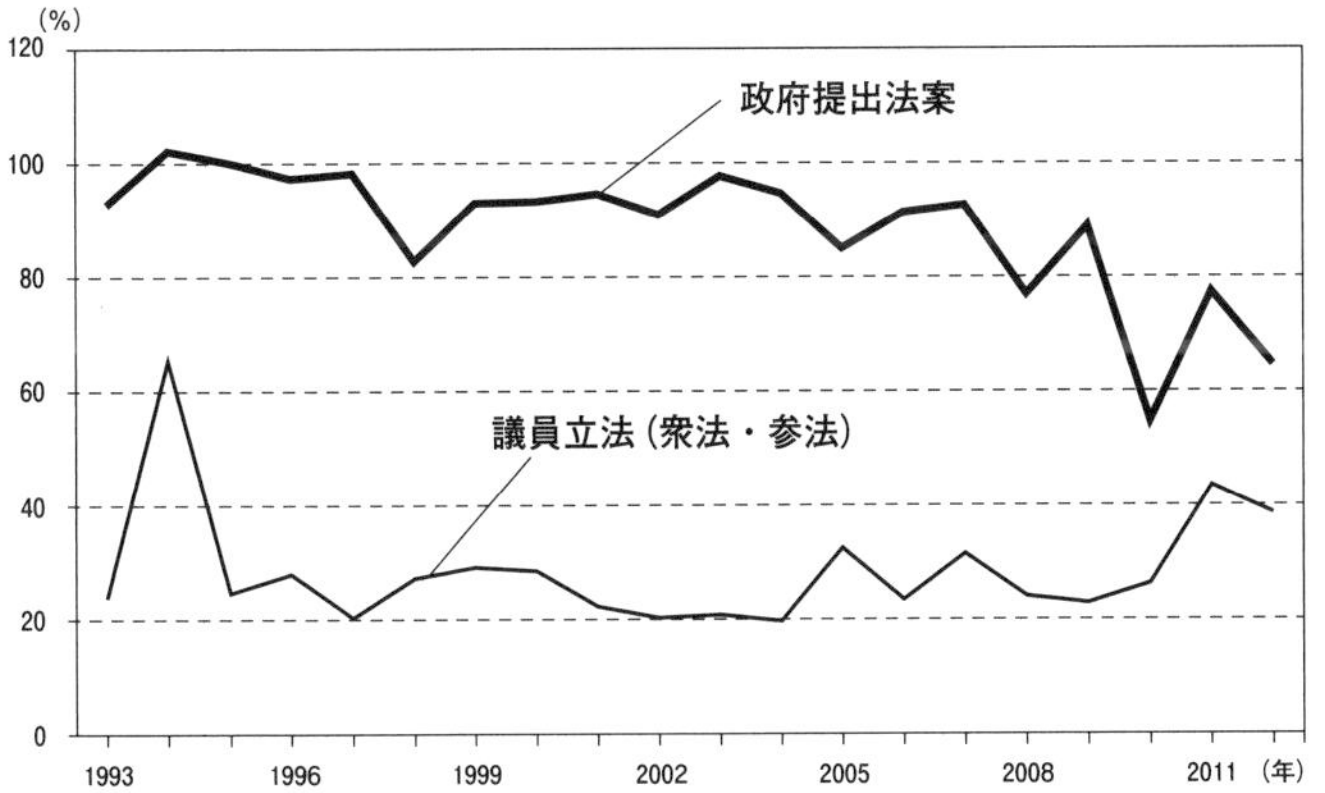

＊母数の提出件数は新規提出件数のみ。継続審議となった議案件数は含んでいない。

び議案課長に、各会派の署名がないかぎり法律案を受理しないよう文書で要請したことに端を発している。つまり、国会議員が発議要件を満たす賛同者を集めたとしても、所属会派の機関承認がなければ、議員立法を国会に提出することができないと、法的根拠のない国会の慣行で決まっているんだ。実際、機関承認なく提出された議員立法は、例外なく不受理となっている。

みさき　じゃあ、議員立法を増やすためには、この辺りを改善して、制度的な後押しもしていく必要があるってことですね。

高橋　日本国憲法第41条で規定されている国会議員の法案提出権は、国会発議要件、所属会派の機関承認、議院法制局による法令審査によって制限されているんだ。今後、議員立法として様々な対案を示し、公式の国会審議の場を通じて、主権者である国民に与野党の審議過程とその内容について明らかにすることがより求められる。議員立法の増加などにより国会審議を活性化していく観点から、少なくとも国会発議要件のあり方や、所属会派の機関承認を必要とする慣行の見直しを行うことも検討すべきだと思うね。

外国ではどうなの？

みさき　他の国々と比較するとどうなのでしょうか？

高橋　アメリカなどでは、法律は議員がつくるものというのが、一般的な考え方だね。だから、アメリカと比較して、議員立法を増やすべきとの主張は以前からよくある。けれども、そんなに単純なものではない。というのも、大統領制のアメリカは、議院内閣制の日本と違って、行政府には法案提出権がない。つまり、立法権は連邦議会にあり、連邦議会議員一人でも法律案を提出することが可能なんだ。所属政党からの縛りは緩く、一定の独立した立場が維持されているしね。

みさき　ということは、法律案を提出しないと、仕事してないってことになってしまうのですね。

高橋　そういうこと。このため、個々の連邦議会議員が、多数の議員スタッフ（大規模な州から選出された上院議員は一人あたりスタッフ約四〇人、下院議員で一人あたり約一五人）を採用し、行政府からの委任立法や法律案の審議・審査だけでなく、積極的な立法活動も行っているんだ。立法活動では、公約で掲げた政策の実現から、地元有権者や支援者などへの利益誘導的な法律案の作成まで様々ある。アメリカでは、法律をつくるのが議員の仕事という考え方が根強いだけに、連邦議会議員たちは、積極的に立法活動を通じて議員実績を積み重ねるんだ。だからこそ、彼らは「ローメーカー」と呼ばれている。

みさき 議院内閣制をとっているイギリスなどではどうなのでしょうか?

高橋 議員を「ローメーカー」と呼ぶことはないね。日本と同様、議員立法より政府提出法案のほうが圧倒的に多く、議員の役割は主に政府提出法案を審議・審査することに重きが置かれているんだ。こうした国々のなかには、成立法案の九割以上が政府提出法案というケースもめずらしくない。

ただ、注意が必要なのは、同じ議院内閣制を採用しているとはいえ、大臣が議員の資格で議案を議会に発議することが慣行となっているイギリスのように、必ずしも内閣が法案提出権を有しているとは限らない国もあるんだ。

このことから、内閣にも法案提出権を法的に与えている日本と、政治制度や議員の役割が異なる諸外国とを、単純に政府提出法案や議員立法の比率で比較して論じてもしょうがないんだ。

議員立法のゆくえ

ヒロキ じゃあ、日本では議員立法は、ほとんどされてないってことなのかぁ。

高　橋 ところがどっこい、最近は増える傾向にあるんだ。自民党単独政権時代が終焉し連立政権時代に突入、しばらく経過した一九九七年をさかいに、議員立法の提出件数は増えはじめている（図9参照）。

ヒロキ なにがあったんですか？

高　橋 一九九七〜九八年は、山一證券*や北海道拓殖銀行*といった金融機関の倒産が相次ぐなど、金融危機への対応に迫られていた時期なんだ。覚えてるかな？　また、政治面では、一九九八年の参議院選挙で、少数野党だった民主党が大幅に躍進した一方、与党の自民党が惨敗し、参議院では過半数割れする状況だったんだ。

　こうしたなかで開かれた一九九八年の臨時国会では、金融不安が増すなかで、破綻した金融機関の処理が最大の焦点となったんだ。そして、当時の野党三党（民主党、新党平和・改革クラブ*、自由党*）が提出した「金融再生法案」をもとに、

★山一證券
一八九七年創業の証券会社で、日本の四大証券の一つ。不正会計（損失隠し）事件が発覚し経営破綻に陥り、一九九七年に自主廃業。山一證券の廃業は、平成不況の象徴的出来事の一つ。

★北海道拓殖銀行
一九〇〇年の創立。戦後は、北海道を地盤とする都市銀行として、不動産融資などで拡大路線をとってきた。バブル崩壊で不良債権を多く抱え、一九九七年に経営破綻した。

★新党平和・改革クラブ
新進党の分裂によって一九九八年に結党。その後、参議院会派の公明に合流し公明党を再結成した。

★自由党
新進党の分裂後、小沢一郎を中心に一九九八年に結党。自民党・公明党と連立政権を組んだが、自民党と折り合いがつかず連立政権から離脱。二〇〇三年、民主党に吸収合併された。

与野党が歩みよるかたちで法案処理が進んだ。のちに「政策新人類」と呼ばれる石原伸晃（自民党）、枝野幸男（民主党）、塩崎恭久（自民党）、仙谷由人（民主党）、渡辺喜美（自民党、当時）ら若手議員が党内の説得に奔走したんだよ。

みさき　自民党の一党優位体制が不安定になり、システムも綻びはじめたってことですね。

高橋　そのとおり。このほかにも、臓器移植法（一九九七年）、特例非営利活動促進法、被災者生活再建促進法（以上、一九九八年）、良質賃貸住宅供給促進特別措置法、ダイオキシン類対策特別措置法、国会審議活性化法（以上、一九九九年）、ストーカー行為等規制法、児童虐待防止法（以上、二〇〇〇年）、ドメスティック・バイオレンス防止法、特殊法人等改革基本法、ハンセン病療養所入所者保証金支援法（二〇〇一年）、北朝鮮拉致被害者支援法（二〇〇二年）など、注目されていた社会問題の解決を図るための議員立法が国会提出され成立したんだ。

みさき　なにか、こうした法律に共通の特徴はあるのですか？　つまり、政府提出法案ではやりづらいから、議員立法で法案化している気がするのですが。

高橋　省庁間の対立で進展しない法律案や横断的な政策課題、生命倫理など社会価値の変化や新しい概念にもとづく課題や制度設計、国民生活に密着するような緊急性の高い政策課題、こういったものが中心だね。積極的に議員立法を提出していた、当時、野党の第一党だった民主党の議員たちが、「官僚主導の打破」を掲げていたってこともあるかもね。

面白いのは、こういう動きによって、政府提出法案と野党による対案を一括して審議するスタイルがうまれたんだ。また与党議員のあいだでも、超党派による政策協議・合意によって法案成立を探る動きもでてくるようになったし。結果、年平均一〇〇本近い議員立法が提出されるようになったんだ。二〇〇〇年の通常国会では、議員立法の成立件数が二〇件に及び、四二年ぶりに高い水準となったんだ。

ヒロキ　たしかに明るい兆しが見えますね。

高橋　その後、衆議院と参議院で多数を占める議席が与野党で異なるねじれ現象が顕著になると、野党も、かつての政府提出法案への批判・反対の表明といった方法

図９　法律案の年間提出件数

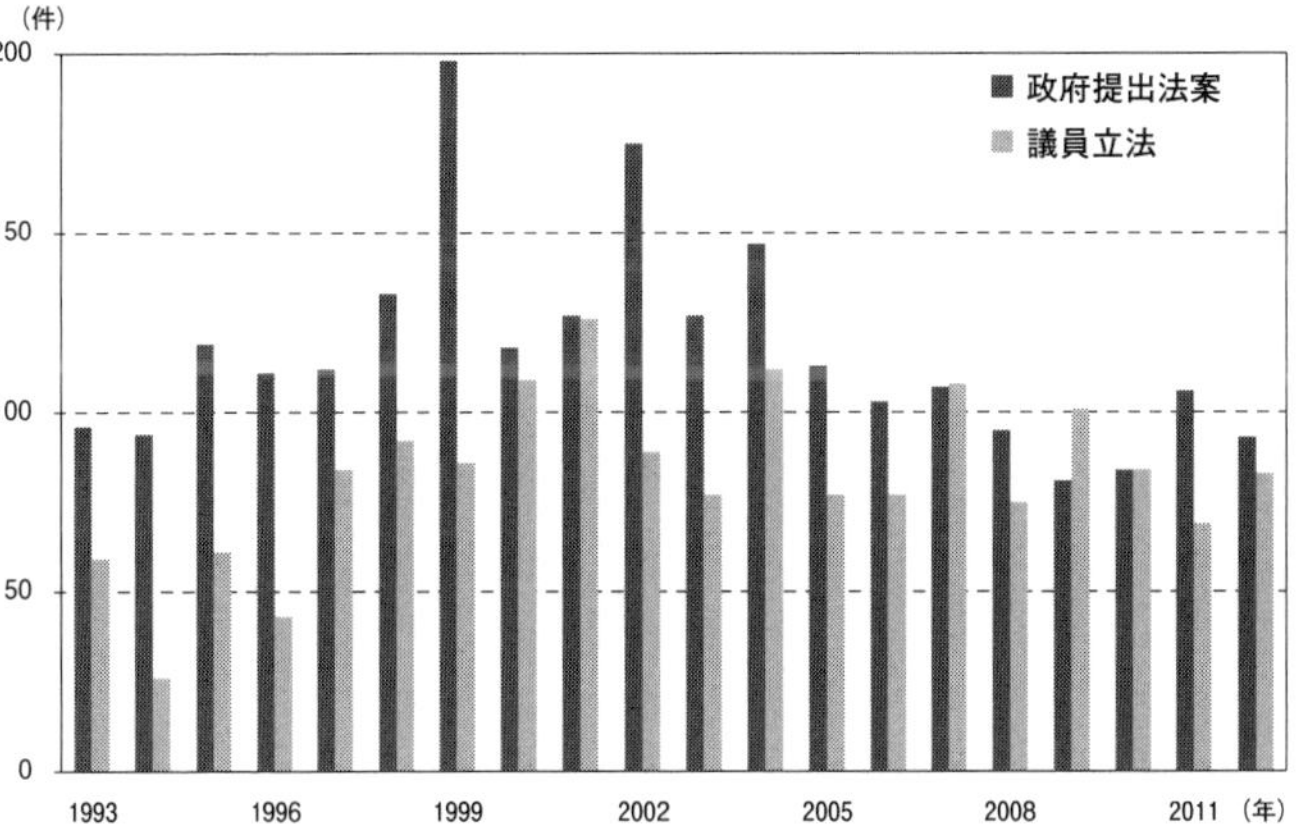

＊新規提出の件数のみ。継続審議となった議案件数は含んでいない。

ではなく、自らの推進する法律案や予算案の対案や提言を提示するなどの展開も増えた。また、近年、与野党協議が以前よりも盛んに行われるようになり、与野党間の合意にもとづいて政府提出法案の修正案を委員長提案として提出されるケースも増えたんだ。ちなみに、委員長提案というのは、両議院の委員会が所管する事案にかんする法律案を立案し、委員長名で提出する議員立法のこと（国会法第50条第2項）。

みさき　ただ政争に励んでいるんじゃなくて、合意に向けて進んでいる感じがしますね。政府提出法案だと、省庁間のしがらみやら縄張り争いやら、いろいろあって、なかなか大局的な判断ができなかったのを、議員立法だと、各議員の問題意識にそった政策が実現させやすくなるってことなのですね。政治家一人ひとりの資質が問われることになるんでしょうね。

ヒロキ　それに、責任の所在がはっきりするという感じがするな。政府提出法案って、なんだか、あまりにもたくさんの人が様々なかたちでかかわりすぎて、なんだかぼやけた印象だったんですよね。法律が難しいのは分かるけど、せめて誰がつくったのかはっきりさせてくれると、ありがたいんだけどな。

高　橋　そうだね。議員立法が万能なわけではないけど、官僚主導をあらためて政治主導を謳うならば、政治家一人ひとりが政策を実現させるために、もっと議員立法への意識を高めていく必要もあるのはたしかだね。そして、そのプロセスにおいてそれを手助けしていくための人的、制度的サポートをもっと充実させていく必要がある。また後で話すが、これは、国会議員だけじゃなく、地方議員になおさら求められていくことになるね。

Lesson 6　国会で法律ができるまで

法律案が国会に提出されると

みさき　国会に提出された政府提出法案や議員立法は、どのように国会で審議され、成立にいたるのでしょうか？

高　橋　国会での審議は、与野党の攻防が影響するから、政局によって法律案が潰れることも多々あるんだ。まあ、ここではそうした政局的要因を除いた、基本的な流れについて簡単に整理しておこう（図10参照）。

政府提出法案も議員立法も、プロセスはだいたい一緒だと思って結構。それから、国会提出された法律案の審議は、先議の議院、つまり法律案が提出された議院で先に行うんだ。

図10　国会審議・採決のプロセス

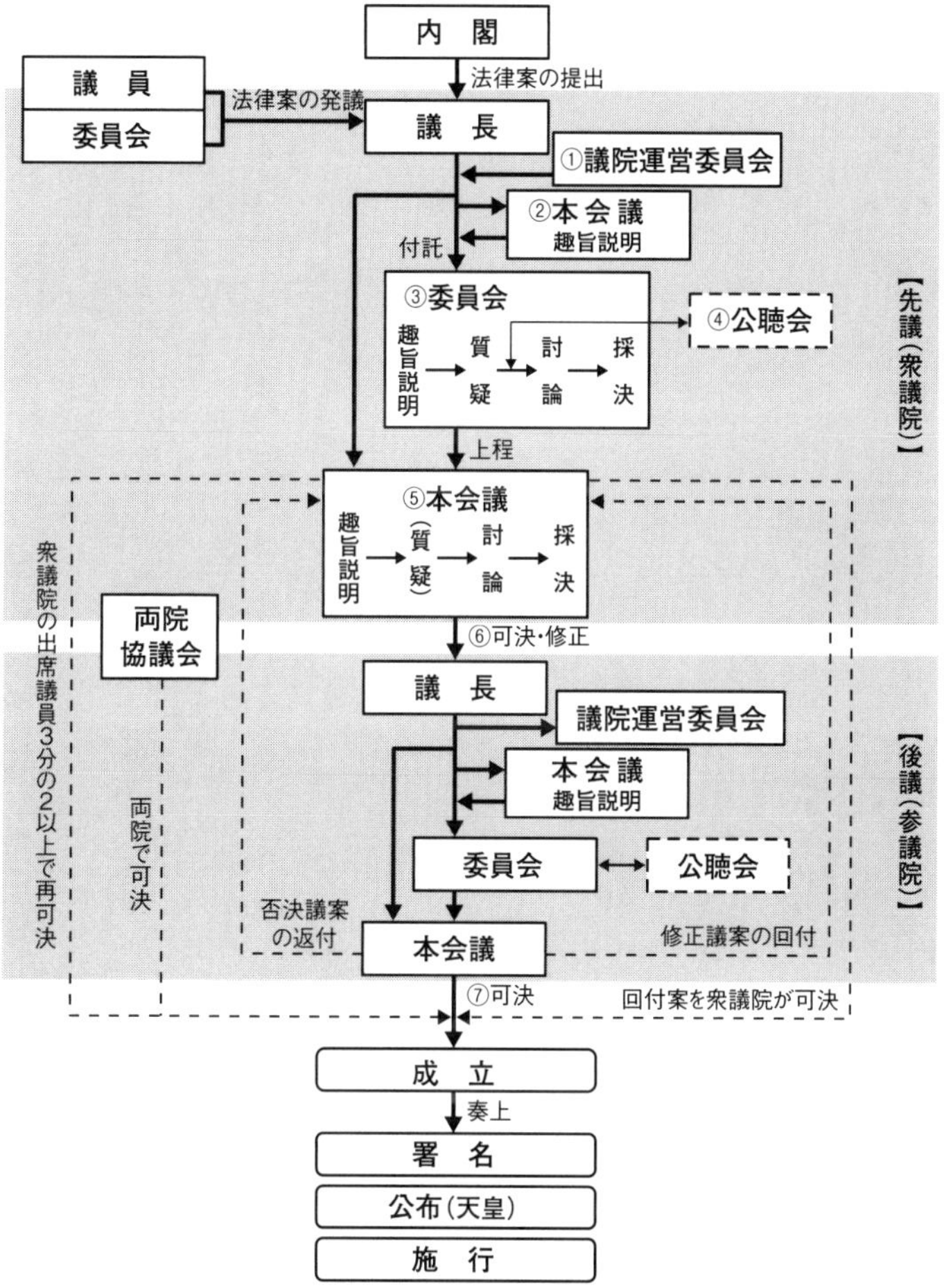
内　閣
法律案の提出
議　員
委員会
法律案の発議
議　長
①議院運営委員会
②本会議
趣旨説明
付託
③委員会
趣旨説明
質疑
討論
採決
④公聴会
【先議（衆議院）】
上程
⑤本会議
趣旨説明
（質疑）
討論
採決
衆議院の出席議員3分の2以上で再可決
両院協議会
両院で可決
⑥可決・修正
議　長
議院運営委員会
本会議
趣旨説明
委員会
公聴会
【後議（参議院）】
否決議案の返付
本会議
修正議案の回付
⑦可決
回付案を衆議院が可決
成　立
奏上
署　名
公布（天皇）
施　行

みさき　法律案の内容によって、衆議院が先、あるいは参議院が先に審議を行うみたいな、傾向はなにかあるのですか?

高橋　政府提出法案と議員立法によって異なる。議員立法の場合、一定の要件を満たしたうえで、提出者(国会議員)が所属する議院に提出することとなっているから、当然、国会審議もその議院からスタートするんだ。一方、政府提出法案は、原則、衆議院と参議院のどちらからはじめてもいい。すべての法律案が提出された議院から審査していると、一方の議院の本会議や委員会は休会状態になってしまうから、国会審議の効率が悪くなってしまう。また、会期末に近くなるほど、後議の議院に法律案が集中し、審議を終了させることができない状況に陥ってしまう。だから、両院のどちらからはじめなければならないという決まりはないんだ。

みさき　でも実際は、衆議院からスタートしていますよね。なぜですか?

高橋　実は、国会で審議される議案の順序が大きく関係しているんだ。一月に召集される通常国会では、「予算案」「予算関連法案」「それ以外の法律案」という順で審議される。予算案は、滞りなく予算執行できるようにするためには、前年度中、つまり三月末までに国会審議を終えなければならない。もし前年度中に終えることができなければ、新年度の予算執行における裏付けが存在しないこととなり、執行そのものができなくなってしまう。だから、予算案は衆議院先議のルールがあって、法律案よりも優先して審議しなければならないんだ。

ヒロキ　なるほど。予算案はどう審議されるんですか？

高橋　まず本会議での趣旨説明・質疑後、衆議院予算委員会に付託されるんだ。国の経費が関連するものはすべて予算委員会の審議対象となる。予算案は全省庁にまたがるから、予算委員会で最初に行われる基本的質疑と、最後に行う締めくくり質疑には、総理大臣をはじめすべての国務大臣が出席しなければならない。予算委員会で指名・要求があれば、国務大臣は、所管大臣として答弁しなければならない立場にあるからね。ＮＨＫなどでテレビ中継されるし、注目も集まりやすいだけに、質疑者は、総理大臣や主要大臣へ積極的に質問し、彼らから重要な答弁を引きだそうとするんだ。質疑にたつ国会議員にとって大切な見せ場だし、とくに野党にとっては存在感を示すためにも、誰を質疑者にたてどのような質問を行うかが極めて重要となるんだよ。

みさき　とすると、その間は、法律案は審議されないのですか？　予算委員会への出席で総理大臣や大臣たちが物理的に拘束されてしまっていますから。

高橋　そうなんだ。三月末ごろの予算案の審議終了まで委員会審議はほとんど開かれない。ただ、例外的に、予算案と審議と並行して、予算委員会以外の委員会で予算関連法案が審議される場合もある。こうした法律案は、年度内に成立しなければ執行が滞り国民生活に重大な影響を与える、いわゆる「日切れ法案」で、主に税制や給付にかんするものが多い。国会運営によっては、参議院で予算案を審議しながら、衆議院では予算関連法案を審議しているということもあるんだ。予算関連法案は、参議院先議で審議されたケースが過去にもあったけど、ほとんどは衆議院から先に審議されている。

みさき　一般の法律案の場合はどうなのでしょうか？

高橋　参議院先議の法律案は年々増加傾向もしくは横ばいにあるとはいえ、内閣提出法案の三割前後。法律案も、衆議院から審議がスタートするケースがなんだかんだ多いんだよ。

国会審議に入るまで

みさき　法律案が国会に提出されるとどうなるんですか？

高橋　提出された議院の議長が、法律案の取り扱いを決定することになっているけれども、各会派*（政党）の議席配分によって選出された委員で構成する「議院運営委員会」（議運）に諮っている【プロセス①】。議院運営委員会というのは、衆参それぞれに設置されている常任委員会の一つで、日程や議題、発言者と時間、採決方法など本会議の運営や、委員会などの設置といった議院運営についての事項のほか、議長諮問事項などについて協議している。議長は、議運がとりまとめた議事日程に従って議事運営を行うんだ。

ヒロキ　国会審議のスケジュールなどもろもろを決めるのが、議院運営委員会ってわけか。どう運営されているか、もう少し説明をしてくれませんか？

高橋　議運の協議では、委員間の問答がほとんど行われず、各会派がそれぞれの主張を述べるのみで、採決するのが慣行となっている。議運を実際に取り仕切っているのは、委員長と理事からなる理事会なんだ。理事会で、法律案の概要と提出理由についての説明を受け、法律案の取り扱いを事実上決めている。政府提出法案は一括して内閣官房副長官が、議員立法は提出会派が説明している。

みさき　法律案の取り扱いを決定する、っていうのは具体的にどういうことなのですか？

★会派
国会内で活動をともにする議員グループのこと。政党は任意の政治団体であるため、国会内では会派を組んで活動している。会派は二人以上で結成でき、所属議員数に応じて委員会の委員数や質問時間、控室などが割りあてられる。政党単位で会派を組むことが一般的だが、複数政党で統一会派を組んだり、政党に所属していない議員同士で組んだりすることもある。

高橋　取り扱いっていうのは、ようは、どの法律案を優先的に議論し、どのような段取りで議論していくのかを決めるってこと。理事会が、提出法案の説明を聞いたうえで、本会議で趣旨説明を行う必要があるか否か、どの委員会（常任委員会または特別委員会）に付託*するかについて検討するんだ。重要法案と判断されれば、本会議で主任の国務大臣が法律案の提案趣旨にかんする答弁を行ったのち【プロセス②】、各会派による質疑が行われ、その後、所管委員会へ付託される【プロセス③】。その他の法律案については、本会議での趣旨説明なしに所管委員会へと付託されるんだ。

ヒロキ　よくニュースで耳にする「コクタイ」っていうのはこれと関係あるんですか？

高橋　いいところに気づいたね。議運の理事会は、両院に置かれた公式機関であるのにたいして、国対、つまり国会対策委員会は各党の一組織なんだ。会派間の実質的な交渉は、理事会で行われていると先ほど説明したけど、さらにその水面下では、政党間の駆け引きが行われているんだ。そうした国会外の非公式協議を取り仕切っているのが各党の国対なんだよ。

ヒロキ　分かるような分からないような。

★付託
議案の審査を本会議の議決に先だって他の機関に委ねること。

高　橋　つまり、国対が、国会運営における事実上の司令塔というわけ。議運理事会も、国対委員長の指示によって動くんだ。実際、議運の理事には国対副委員長ら各党の国対幹部が、委員には各党の国対委員が就任する場合が多いんだよ。

ヒロキ　表の議運に、裏の国対ってことですか。ややこしいな。

委員会ってなに?

みさき　そもそも委員会というのが、いまいちよく分からないのですが?

高　橋　本会議ですべての法律案を審議して、最終的に決議するのは時間的に不可能なんだ。通常、議院に属するすべての国会議員が一堂に会して審議・審査する本会議は、週二〜三回だからね。その代わり、個別・具体的に審議・審査するため、日本の国会審議では、それぞれ議院に設置されている委員会に議案（予算案や法律案など）を付託し、委員会での審議・審査を経て、本会議で審議のうえ議決するという「委員会制」（国会法第56条第2項）を採っているんだ。

ヒロキ　予算委員会でとか、国土交通委員会でとか、ニュースでいっているのは、そういうわけか。

みさき　国会の審議って、テレビで見ると、大きな会場にみんなが集まって野次を飛ばしあっている印象ですけど、小さな会議が日々行われているんですね。だいたい何人ぐらいが参加して、どのぐらいの頻度、それから期間はどのくらいなんですか？

高橋　衆参両院それぞれに一七の常任委員会と、案件に応じて設置される特別委員会がある（図11参照）。常任委員会は、各省に対応して設置される常設の委員会だ。委員数は委員会によって異なり、衆議院予算委員会が五〇人ともっとも多く、その他の委員会は一〇～四五人となっている。議席比率に応じて各会派の委員数が割りあてられるが、国会議員は、常任委員会の委員一つ以上を務めなければならない。一方、特別委員会は、各議院が必要と認め議決によって会期ごとに設置される委員会だ。委員会の目的と付託案件、委員数は、議院運営委員会の協議で決定される。

　こうした委員会での審議の頻度や期間については、付託議案や議院運営によっても大きく異なる。与野党が合意しているものであれば一日で委員会審議を終了し、決議を行う。対立し、野党側が慎重な審議を求めれば一〇〇時間以上になることもある。また、国会運営の慣例として、本会議、常任委員会を開会する定例

図11　常任委員会と主な所管事項

衆議院の常任委員会 （カッコ内は委員数）	参議院の常任委員会 （カッコ内は委員数）	主な所管事項
内閣委員会（40人）	内閣委員会（20人）	内閣・内閣府、国家公安委員会の所管事項
総務委員会（40人）	総務委員会（25人）	総務省の所管事項 ※人事院の所管事項、地方公共団体にかんする事項
法務委員会（35人）	法務委員会（20人）	法務省の所管事項 ※裁判所の司法行政にかんする事項
外務委員会（30人）	外交防衛委員会（21人）	外務省の所管事項
安全保障委員会（30人）		内閣（安全保障会議）、防衛省の所管事項
財務金融委員会（40人）	財務金融委員会（25人）	財務省、内閣府（金融庁）の所管事項
文部科学委員会（40人）	文教科学委員会（20人）	文部科学省の所管事項
厚生労働委員会（40人）	厚生労働委員会（25人）	厚生労働省の所管事項
農林水産委員会（40人）	農林水産委員会（20人）	農林水産省の所管事項
経済産業委員会（40人）	経済産業委員会（21人）	経済産業省の所管事項 ※公正取引委員会の所管事項
国土交通委員会（45人）	国土交通委員会（25人）	国土交通省の所管事項
環境委員会（30人）	環境委員会（20人）	環境省の所管事項 ※公害等調整委員会の所管事項
国家基本政策委員会（30人）	国家基本政策委員会（20人）	国家の基本政策に関する事項（党首討論）
予算委員会（50人）	予算委員会（45人）	予算事項
決算行政監視委員会（40人）	決算委員会（30人）	決算、国有財産などの事項 ※会計検査院の所管事項
	行政監視委員会（30人）	行政監視、行政評価（総務省）、行政苦情などの事項
議院運営委員会（25人）	議院運営委員会（25人）	議院運営、議院法規などの事項 ※裁判官弾劾裁判所・裁判官訴追委員会にかんする事項
懲罰委員会（20人）	懲罰委員会（10人）	国会議員の懲罰・資格争訟にかんする事項

曜日が衆参それぞれ決めてあるんだ。国会審議には所管大臣の出席が必要なだけに、両院の各委員会は所管大臣への出席要求がバッティングしないように工夫されている。その一方で、定例曜日が決められている分、いつでも委員会を開会できるわけではないという限界も生じているんだ。

みさき　他の国でも委員会制がとられているんですか？

高　橋　法律案の審査を専門分野ごとに設置された各委員会に委ねる「委員会中心主義」とよく対比されるものとして、本会議で全議員が出席し議論を行うことにより重点を置いた「本会議中心主義」がある。その例として、前者はアメリカ連邦議会、後者はイギリス議会がよくあげられている。ここで注意が必要なのは、本会議中心主義だからといって委員会審査がないわけではないという点。

アメリカ連邦議会は、本会議で提出法案が朗読された後、即座に委員会に付託される。委員会では、より専門的な見地をもった少数の委員たちによって、意見聴取や公聴会、逐条審査*などの審議が行われる。また、必要に応じて修正なども施される。こうして委員会審議が終了すると、院にたいして委員会報告がなされる。本会議で審議対象となるのは、原則、委員会報告で可決相当とされた議案だ。つまり、委員会中心主義は、議会採決において委員会の判断により重きを置いて

★逐条審査
条文別に審議・審査を一つひとつ重ねていくこと。

いるということなんだよ。

ヒロキ　イギリスの場合はどうなんですか？

高橋　政府対野党の対決型議論を伝統とするイギリス議会では、本会議での全体審議をより重視している。委員会に付託されるのは、本会議での討議を踏まえ法律案の骨子の採決を行ってから。委員会では、付託された法律案の逐条審査を行うが、調査権限をもっていないなど、その役割は限定的なんだ。この過程で、与野党の議員たちは法律案の問題点を提示することを目的に修正案などを積極的に提出する。その後、委員会審査された法律案と、それにたいする修正案について、本会議で討論のうえ採決するんだ。

ようは、国会審議の重点を委員会におくか、本会議におくかという違いなんだ。

みさき　日本の話にもどしますが、どの法律案を、本会議で扱うかっていうのは、揉めないんですか？

高橋　重要法案か否かなどをめぐって与野党が時々揉める。各会派は、あらかじめ提出法案の取り扱いについて決定していることが多い。与党も野党も、どの法律案を本会議で審議するかをあらかじめ決めて、議運の理事会に臨んでいるんだ。

つまり、与党側は、早々に委員会に付託し審議を短期間で切り上げて成立させたい。一方、野党側は、慎重に審議を進めるべく十分な審議時間の確保を求めたり、メディア報道など注目が集まりやすい本会議での趣旨説明を求めたりして、審議日程や進め方について与党から少しでも譲歩を引きだそうとする。また、政府・与党との主張の対立を際立たせるため、法律案の成立を遅らせたり阻止したりして、野党の存在感を示したりもするんだ。こうした与野党の攻防が、繰りひろげられているんだよ。**〈↓コラム2参照〉**

みさき　プロセスとしては、重要法案は、本会議→委員会→本会議、その他の法律案は、委員会→本会議ということですね。そして、どれを重要法案として扱うか与党と野党のあいだで、綱引きがあるんですね。

ヒロキ　なんだか、政局って感じだな。

委員会での審議

みさき　本会議は政局含みだとすると、委員会はもっときっちり議論を行う場なんですか？

高　橋　本来はそうあるべきなんだけど、残念ながら、そうでもないんだよ。委員会の質疑は、法律案に関係する内容がほとんどで、所管大臣らに法律案の目的や効果、問題点などを質したり、代替案などが提示されたりする。ただ、アメリカ連邦議会やイギリス議会のように逐条審査を行っておらず、限られた時間内での質疑だから、法律案の修正につながるような議論となる前に、時間切れということが多い。しかも、議席配分に応じて各会派の質疑時間が決まってしまうから、与党のほうが質疑時間は多くなり、小勢力の野党になればなるほど、もらえる質疑時間が少なくなる。つまり、政府に対峙する野党より、政府を応援する与党のほうが質疑時間が多いんだよ。この結果、野党は、委員会での論戦より、委員会運営をめぐる攻防に注力してしまうんだ。

みさき　委員会の議論はどう進むんですか？

高橋　それぞれ委員会に、各会派の議席配分によって選出された委員長はじめ理事らで構成する理事会と、非公式協議の場である理事懇談会があって、各会派の国会対策委員会が采配している。

ヒロキ　理事会と理事懇談会がややこしいなあ。

高橋　基本的にメンバーは同じで、理事会が公式的に開かれる会合で、懇談会は、非公式な会合と理解しておけばいいよ。

コラム 2

野党の国会戦術

野党が政策論争を真っ向から挑んでも、与党が衆参両院で多数議席を占める限り、まず修正には応じない。このため、野党は、日程闘争のほか、議事妨害などの対抗手段をとって、時間切れによる廃案を目指す。ここでは、国会審議のプロセスに沿って説明する（図参照）。

①成立阻止や与党から譲歩を引き出したい議案について、所管委員会に付託されるのを阻止する（つるし）。議案が付託されなければ、審議入りできないからだ。ただ、与党は、委員長職権で強行に審議入りさせることもできる。審議に応じざるをえなくなれば、委員会付託に先立って本会議で提出理由の説明を要求し、審議入り・採決を少しでも遅らせようとする。

②もっとも厳しく臨む場合には、「審議拒否」をする。所管委員会への欠席がほとんどだが、政府・与党と徹底対決する場合、すべての委員会審議に応じないこともある。ただ、審議拒否が長期化すると、批判の矛先が自らにも返ってくるため、リスクを負っての戦術となる。

野党の委員会理事が、議事運営について委員長に抗議をして「審議中断」に持ち込むこともある。与野党の委員会理事間で、折り合いがつけば審議は再開されるが、紛糾すれば散会（流会）になる。審議中断時は、質問者の持ち時間が消化されないため、議事そのものが遅延する。他方、議運の理事会や国対間の与野党交渉では、委員会の審議時間を十分確保するよう「質疑時間の延長要求」をしたり、議員立法の提出を乱発して優先的な審議を要求し（マクラ）、主要な議案の審議を遅らせようとする。政府提出法案の対案提出の遅れを理由に、与党に審議入りまでの時間的猶予を求めることもある。

③与党が単独審議や強行採決を行うなどして委員会運営が混乱・停滞した場合、野党は「委員長の不信任動議」を提出して、議事進行を止めることがある。法的拘束力がないため、可決されても委員長は解任されることはないが、政

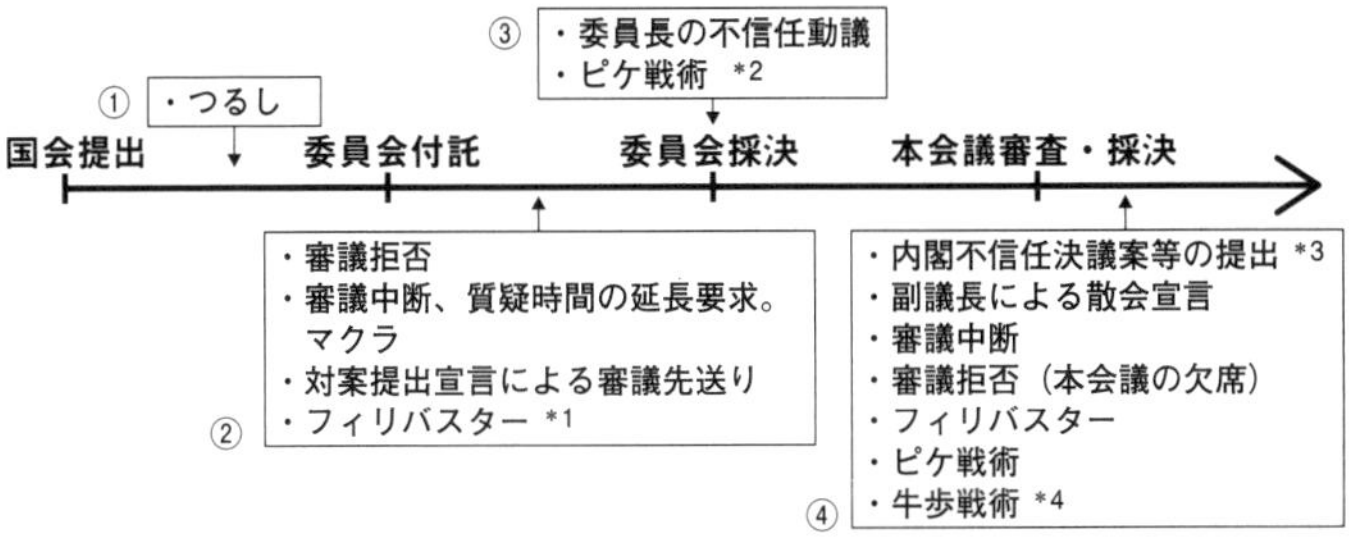

＊1　質問者が長時間の演説を行って議事進行を遅らせること。（通称は牛タン戦術）
＊2　ピケを張って委員長入室を阻止したり、議場を占拠したりするなど、実力行使による議事妨害のこと
＊3　不信任を発議する場合、発議者はその理由をつけて、五〇人以上の賛成者との連署で衆議院議長に提出する。これら決議案は、あらゆる議案に先立って審議・採決される。
＊4　記名採決を要求したうえで、点呼を受けて投票箱に向かうまでの間、わざとゆっくり歩いて投票すること

治的・道義的責任を負う。ただし、野党が多数議席でない限り、可決は難しい。

④与党が単独審議や強行採決を行った場合、野党は、「委員長解任決議案」「議長または副議長不信任決議案」などを提出して採決阻止を試みる。また、責任追及や抗議を示す観点から、内閣または政治任用職にある者への不信任決議案（衆議院）、問責決議案（参議院）を提出する場合もある。

とくに、内閣不信任決議案（憲法第69条）は法的拘束力があり、可決されれば内閣は総辞職するか、一〇日以内に衆議院を解散しなければならない。ただ、同一会期中に同一議案の再提出は原則できない「一事不再議の原則」の慣行があるため、提出タイミングが重要となる。

また、議長不信任決議案が提出された場合、議長は一時退出しなければならない。このため、副議長（野党第一党から選出されるのが通例）が本会議散会を宣言して、議案そのものの採決をさせない手法がとられたこともあった。

法律案が委員会に付託されると、与野党は、まず、付託された委員会の理事懇談会を開催する。理事懇談会では、各会派の見解や要望などを聴取のうえで、審査内容と日程について与野党が協議する。ようは、委員会の進行をそつなく進めるために、段取りをつけるんだよ。そのうえで、委員会開催前に開かれる理事会で、議題などの確認が行われる。

みさき　理事会は理事懇談会で決めたことを追認しているんですね。

高橋　そういうこと。理事懇談会で審議内容と日程が決まったら、与党国対委員長の指示のもと、各委員会の委員長を筆頭に与党理事の段取りによって進行されるんだ。委員会初日は、通常、政府提出法案は主任の国務大臣が、議員立法は提出者が趣旨説明のみを行い、散会となる。委員会終了後には、理事懇談会（または理事会）で次回の日程と各会派の質疑時間の配分などについて協議する。二回目以降の委員会審議では、各会派委員が、所定の時間内に大臣・副大臣・大臣政務官を相手に質疑を行うからなんだ。与野党合意など成立の見通しがたっている法律案については、その時点で採決までの道筋を協議することもある。

こうして、委員会の開会日程や各会派の質疑時間割りあてが決まると、各会派は前もって、質疑する予定の委員名、答弁を要求する政務三役名について質疑通告を行う。それを踏まえ、委員会での答弁予定者の登録などの手続きが行われる。また、国会審議を円滑に進めるために、質疑予定者は、委員会二日までに質問内容を開示することが国会の慣行となっているんだ。

ヒロキ　なんだか、かたちだけの議論っていう感じがするのは気のせいかな。

高　橋　でも、こうした手続きが重要なんだよ。質疑にたつ委員は、どういった質問をするか自由に設定できるけれども、答弁にたつ大臣は質問内容にたいする答弁しかできないんだ。つまり、防戦一方というわけ。それに、あらゆる問題を詳細に把握しきれていないことだってある。そうした時、大臣が「確認してあらためて回答します」といった答弁を繰りかえせば、当然、質疑者は納得しないし、委員会の議論も行きづまってしまう。だから、あらかじめ質疑にたつ委員を決め、質問内容も開示して争点を設定しているんだ。もっとも、政府・与党に攻勢をかけたい野党は、あえて大雑把にしか通告しないけどね。その辺は駆け引きなんだよ。

みさき　政府側に伝えたら、それで終わりですか？

高　橋　いや違う。ここからが大事なんだ。政府提出法案の場合、各府省の政府委員室（政府控室）スタッフが質疑予定委員のもとを訪れて「質問取り」をしたり、様々なルートから質疑内容の詳細を把握しようと情報収集に努めるんだよ。また、政府や所管大臣にとって都合の悪い質問になる場合、可能なかぎり質問されないよう、官僚があらゆる手を尽くして働きかけや駆け引きを行ったりするんだ。こうして集められた情報をもとに、各府省の官房総務課または秘書課は、質疑内容に関係する局に伝え、答弁内容の作成を要請する。最終的に想定問答集としてまとめ、委員会当日の朝、答弁する大臣や副大臣、大臣政務官に事前説明を行うんだ。

みさき　官僚も自分たちでつくった法律案を大幅に修正されたくないので、あらかじめ対策をねって、隙をつかれないように準備しておくってことなんでしょうね。国会審議の形骸化は、この辺りにあるんですね。議員立法の場合は、どうなのですか?

高橋　議員立法の質疑応答についても、事前の質疑通告までは同じ。ただ、議員立法を審議・審査する際、答弁者を務めるのは法案提出者なんだよ。つまり、法律案を提出した国会議員。法案提出者は、委員会答弁に向け、国会議員の秘書や政調スタッフ、議院法制局の立案職員のサポートを得て、質疑予定者から質問取りなどを行って質問内容を把握し、想定問答を準備するんだ。でも、政府答弁の準備以上にその作業が大変なんだよ。大臣たちは、政策立案した官僚たちはじめ多くのスタッフがサポートしてくれる。所管省庁には多くの関連情報が集まるし、特定の政策分野に精通した官僚も多い。

けれども、法案提出者は、限られたスタッフで、委員会質疑に備えなければならない。だから、所定の賛成者を集めれば、法律案の発議は国会議員一人でも可能だけれども、委員会質疑に国会議員一人では対応しきれないだけに、提出者複数名で発議することが多いんだよ。まあ、それでも、組織的なバックアップのある大臣らと比べると、圧倒的に人手が足りないんだけどね。

審議から採決へ

高橋　こうしたプロセスを経て、委員会で審議・審査が行われていくんだ。政府提出法案の対案として野党側から議員立法が提出されている場合、同じ委員会で並行して審議することを基本としているんだ。

みさき　審議にかける時間的な制限などはあるのですか？

高橋　総質疑時間が基準で、一定期間の討論などの条件を満たせば、審議・審査を打ち止めにできるんだ。採決にいち早くもちこみたい与党は、野党に採決に応じるよう求める。逆に、野党は、賛成する法律案については与党の要求に応じるけど、野党にとって重要法案だったり、成立を阻止したい法律案などの場合は、審議時間が足りないことを理由に、審議の継続を求めたりすることもある。

こうした与野党の駆け引きと断続的に行われる協議のもと、法律案の採決への道筋がついたら、学識経験者や関係当事者などを参考人として委員会に召集し、意見聴取・質疑を行う公聴会を開くんだ【プロセス④】。

そして、委員会最終日は、締めくくりの総括質疑を行ったうえで、委員長が終局を宣言し、討論・採決に入る。採決にいたる過程で、野党が条件付きで応じた場合、運用上の努力目標や注意事項などを盛りこんだ附帯決議案の採決も行われる。また、対案がある場合もあわせて採決がとられる。

ヒロキ　野党が反対して、調整がつかないとどうなるんですか？

高橋　与党側から突如、質疑を打ち切ることを提案する動議が提出され、委員長が緊急議題として動議の賛否を採決する場合もある。動議が与党会派の賛成多数で可決すれば、質疑は強制的に終了し、手続きにのっとって討論・採決となる。これがいわゆる強行採決で、与党の議席多数を背景にした数のチカラで押し切る方法だね。
　余談だけれども、強行採決に反対する野党が怒号を浴びせるなか、議長である委員長がマイクを片手に進行を進めているのを、見たことある？　あれは、採決にいたる進行を手続きにのっとって適切に行っているという証拠を会議録に残す必要があるからなんだよ。だからこそ、野党議員はそれを阻止しようと、議長のマイクを奪おうとし、与党議員が委員長を守ろうとして、乱闘騒ぎになるんだ。まあ、トリビアだね。

ヒロキ　へぇ、じゃあ今度からは、マイクに要注目ですね。換えのマイクとかも用意してあったりして。

本会議での審議と採決

高橋　こうして、委員会で採決されると、ようやく本会議での審議となるんだ【プロセス⑤】。本会議では、付託された委員会の委員長から審査経過について報告がされ、各会派による賛否の討論演説が行われる。その後、議長から委員会採決の結果報告がなされ、採決に入る。その結果、本会議で法律案が過半数で可決されると、議長からもう一つの議院に法律案が送付されるんだよ【プロセス⑥】。

ヒロキ　そうか、衆議院と参議院の両方で、同じことをやらないといけないのか。

高橋　二院制だからね。送付を受けた議院でも、同じ審議・審査プロセスを経て、本会議で採決が行われる。その結果、両院で過半数により可決すれば、提出された法律案は法律（憲法第59条第1項）となるんだ【プロセス⑦】。ただし、両院の採決結果が異なった場合や、衆議院から送付されて六〇日以内に法律案を参議院が議決できなかった場合（みなし否決、同第4項）、両院協議会*で協議し成案を両院で採決することになるけど、成案がまとまることはほとんどないね。なんでって？　政局含みだからね、こういう場合は。もはや法律案の良し悪しは関係ない。そんなこんなで、衆議院で出席議員の三分の二以上の多数で再可決（同第2項）をしなければ、その法律案は成立できないこととなる。

みさき　両院で可決されると、それでおしまいですか？

高橋　そう。法律として成立すると、後議の議院議長より内閣を経由して天皇に奏上されるんだ。主任の国務大臣が署名、総理大臣が連署し（憲法第74条）、天皇が御璽《ぎょじ》押印《おういん》で決裁する。内閣にもどされ、閣議決定を経た後、天皇に奏上された日から三〇日以内に法律を公布するんだ（同第7条第1号、国会法第66条）。公

★両院協議会
衆議院と参議院の議決が一致しない時、各院の代表者が議案の協議・調整を行うために設けられる機関（憲法第59条第3項）のこと。二院制を採用するアメリカ連邦議会や、ドイツ連邦議会などでも同様の機関が置かれている。

布された法律は、附則に定められた日に施行されることになる。これでおしまい。

ヒロキ　長かったなあ。それにしても、政局を除いてと先生はおっしゃっていましたが、ほとんどが政局に晒されている感じがしたのは、気のせいですか？

高　橋　そうなんだけど、民主制である以上、議論のすえ、最後は決定しなければならない。全会一致でまとまらないこともあるから、多数決をもって立法府の決定としているんだ。それぞれに価値観や問題意識があり、実現したい政策などをもっている。最後には多数決によって決める以上、法律案を成立させたいとか、なにがなんでも阻止したいといった思惑から、それぞれ多数派を形成しようとするんだよ。だから、国会での議論とは別に、妥協や反目といった政治的な駆け引きが生じる。つまり、政局とは紙一重なんだ。

問題は、こうした政局含みの駆け引きに専念するあまり、国会審議が形骸化したり、審議ストップで決まらない状況が続くといった機能不全に陥ってしまいやすいということ。政局で国会が混乱すればするほど、立法府として機能していないということの証左といってもいいだろうね。

「ねじれ国会」での合意形成

みさき 先生は、どうすれば国会が議論の場として上手く機能するとお思いですか？

高　橋 これまでにも様々な国会改革が叫ばれてきた。たとえば一九九九年の国会審議活性化法で、政府委員制度を廃止したり、党首討論が導入されたりするなどの改革が実行されてきたんだ。どこの国でも審議の実行性や効率性を高めるべく、議会改革を重ねている。

昨今、ねじれ国会のもと、法律案の審議が進展しないなどの空洞化が問題となっているよね。二院制を採用している以上、選挙結果によって、両院の会派勢力が異なることは起こりうること。なにも日本に限った話ではない。現行の選挙制度に問題がないわけではないけれども、衆議院選挙と参議院選挙を行う時期が異なる以上、民意によってねじれにいたることだってありうるんだ。つまり、ねじれそのものが悪いとは一概にいいきれない。

ヒロキ 分かるような、分からないような。

高橋　だってそれが民意なんだからね。なにが問題かというと、与野党で合意形成を図ることに未成熟であり、制度の運用上にも問題があるという点なんだよ。そもそも、主張が対立する与野党が、話し合いによって妥協点を探り、解決していくという発想が乏しいからね。

ヒロキ　なぜなんですか？

高橋　理由はいろいろ考えられるけど、政権交代をほとんど経験してこなかったという点が大きいのではないかと思う。与党は、野党に転落した場合のことを想定していなかっただろうし、その心配をする必要もなかった。数のチカラを背景に、ほぼ修正なしに議案を押し通すことができたから、野党にわざわざ譲歩する必要も、話し合いで解決の道を探る必要もなかったというわけだ。

みさき　議決が割れて、対立してしまった場合はどうなるんでしょうか。

高橋　両院が異なった議決をした場合は、先ほど触れた両院協議会が開かれるのだけれども、ほとんど機能していない。というのも、両院協議会を構成する委員は、それぞれの議院で議決案に賛成した会派、つまり多数会派からそれぞれ一〇名が選ばれている。

ヒロキ　ということは、衆議院は与党、参議院は野党第一党が対峙するという構図になってしまい、採決のとりようがないですね。

高橋　これでは、いくら話し合って調整しても成案を得ることが難しく、平行線のまま決裂することのほうが多い。

みさき　ただ、法律案は成立しなかったじゃ、済まされませんよね。

高橋　そう。与野党が歩みよることなく対立すればするほど、法律案は成立せず、国民生活に重大な影響を及ぼしたり、問題解決が遅れるといった事態を招く恐れもある。それだけに、与野党は、世論の批判が強まることを恐れ、打開に向けて動くんだ。法律案を成立させたい与党側から呼びかけることが多いんだが、それにより、与野党による修正協議が開かれる。修正協議で合意にいたった法律案は、議員立法として共同提出、もしくは委員会採決を前に修正を行ったりしたうえで、成立するんだよ。

ヒロキ　でも、それじゃあ議論を深めるというより、いわば取引しているだけですね。

高橋　そういう面が強いね。与野党修正協議は、特定の政党間の非公式協議の場において非公開のもと進められているため、密室談合的な決着となりやすいんだ。合意にいたれば、可決・成立に必要な議席数が確保できているため、与野党とも国会審議をそこそこに切り上げ、本会議に緊急上程して通過・成立させているんだよ。このため、国会審議は形骸化してしまい、国民にとって分かりにくいものとなっている。

みさき　委員会や本会議など国会内と異なって、議事録が残らないんですね。

高橋　また、与党は、可決・成立に必要な議席数を確保できればいいため、すべての野党と公平に協議し、修正に応じているわけではないんだ。どの野党と協議するかを含め、修正協議の枠を必要最小限にとどめようとする。協議に加わる野党は、当然、可能なかぎり要求を呑むよう、政府・与党に求める。与野党合意にいたらず、可決・成立に必要な議席数を確保できなければ、膠着したままとなるため、早期成立を急ぐ与党が、野党案を丸呑みすることさえある。

このことから、与野党の修正協議による合意形成は、参加する政党間の主張、思惑や都合が優先されやすいうえ、合意できた議案のみが成立する。つまり、与野党の主張などに大きな溝のある議案などについては、先送りされてしまうというわけなんだ。

開かれた合意形成にむけて

みさき　では、どのような合意形成をしていけばいいとお考えですか？

高　橋　国会外で非公開のもと与野党が調整するのではなく、委員会審議で議論するとともに、委員会で修正作業を進め、最終的に議決するのがいいね。そのためには、委員会審議において、これまでのような包括的な質疑だけでなく、逐条審査も実施すべきだろうね。

　近年、与野党協議を見越して、野党が議員立法を提出するケースが増えている。こうした野党提案を、政府案と比較しながら逐条審査を行っていけば、どこが相違点なのかが明らかとなり、修正作業も進めていくことができるんだ。委員会審議での修正だから、与野党の議論も議事録として残すこともできる。

みさき　なるほど。議員立法による対案があり、条文ごとに政府案と比較しながら議論されていれば、それぞれの法律案がどう違って、なにが争点なのかがはっきりしますね。

高　橋　また、先ほど触れた、両院協議会を与野党協議の場とするのではなく、両院での議論を踏まえ、成案をとりまとめる機関として位置づけていくべきなんだ。両院協議会がとりまとめた成案に異論があれば、その議院で否決して、両院協議会に差し戻せばいいからね。そのためには、両院協議会の委員構成を、超党派で協議し成案をとりまとめるための構成へと変更することが重要なんだ。

みさき　そんなに簡単に変えられるのでしょうか？

高橋　ところがどっこい、両院協議会の委員選定について、国会法にも衆参の議員規則にも規定されておらず、国会の慣行を踏まえているにすぎないんだ。ということは、法改正を待つまでもなく、委員構成を抜本的に見直し、運営方法を変えればいいだけなんだよ。

ヒロキ　結局、議員立法が増えるメリットは、どこにあるんですか？

高橋　前例を重んじて官主導で行っている政府提出法案では、官僚が国民の政策ニーズなどを積極的にくみ取ろうとしないかぎり、法律案に直接盛りこまれることはほとんどない。官僚は、自分たちが企画・立案した法律案に手を加えられたくないから、多数議席を占める与党が、数のチカラで押し切ってくれることを期待するんだ。与党議員も、事前審査を経て党議拘束がかかっているから、積極的に修正に応じるつもりはない。だから、国民の目が届かない非公式かつ水面下での政党間合意で決着が図られたりするんだ。
一方、議員立法は、選挙により有権者に選ばれた国会議員が主体となって立法作業を進めるから、国民や有権者の意向は無視されにくいんだ。どの国会議員が提出者であり、どういった内容で発議しているといったことを調べようと思えば、ほぼ把握できるからね。

ヒロキ　情報をオープンにし、透明化するってことか。たしかに、つくり手の顔も見えるしな。

高橋　議員立法は、国民的合意を背景に党派を超えて多数の賛成が見込めれば、ボトムアップで政府内の意思統一を図る手続きは不要であり、むしろトップダウンで立案し、短期間のうちに法律案を審議して迅速に成立させることだってできる。だから、即応性の高い議員立法は、国民生活に大きな影響を与えうるような緊急課題、被害者救済事案、タテ割り構造では進展しにくい横断的な政策課題、政治判断を要する事案などに向いているんだ。

みさき　政治主導を実現するための恰好の手段なんですね。

高橋　議員立法で政治の「見える化」が確保されるほど、前例踏襲的な官僚と違った視点やアイデアが採用されたりするようになっていく。そうなれば、国民の生活実感や現場感覚、多様な政策ニーズ、刻々と変化する社会情勢などが反映されやすくなるし、マジョリティにも配慮されるようになる可能性も高くなるんだよ。

実践編

ニッポンの変え方おしえます

Lesson 7　〈私たち〉で変える日本の未来

参政権――国民の権利1

みさき　政府提出法案、議員立法、国会審議と、一連の流れを通じて、官僚主導と政治主導の政策・法律案づくりそれぞれについて、ここまで学んできました。また、官僚が、法規上の行政命令・法規の性質をもたない行政規則の策定、許認可の行使などを通じて影響力を行使しており、ここが官僚主導の源泉の一つとなっていることもよく分かりました。それでは、私たちが政策形成・立法プロセスにどのように関与したらいいか、あるいは関与できるのかについて教えてほしいのですが。

高橋　まずは、国民一人ひとりの政治参加から説明してみよう。もっとも基本的なところからいえば、国民が政治に参加する権利、つまり「参政権」がある。参政権は、国民がうまれながらにもっている基本的人権の一つで、国民主権、すなわち民主制の基盤をなす権利であることは、学校でも習ったとおり。

その参政権のもっとも代表的なものが「選挙権」。議院内閣制という間接民主制を採用している日本では、国会の議決*は、憲法で定められているように、採決の投票数が一票でも多いほうに決まる。その成否を決める国会議員を選ぶ重要なプロセスが選挙（衆議院議員選挙、参議院議員選挙）というわけ。国会の議決にあたっての構成を決めるわけだから、当然、民意が正しく反映されるよう、国民に一人一票と選挙権が平等に割りあてられているんだ。

ヒロキ　一人一票が徹底されないとどうなるのですか？

高橋　一票の格差が大きな問題になっているけれども、民意が正しく反映された採決とはいえないね。完璧な制度をつくることは難しく、制度的欠陥が伴ってしまうのは致し方ないけれども、一票の格差が広がると国会の議決構成がねじれてしまうんだ。

ヒロキ　といいますと？

高橋　国民の意思が正しく反映されないまま、国会採決が行われていることに

★国会の議決
「両院の議事は、（中略）出席議員の過半数でこれを決し、可否同数のときは、議長の決するところによる」（憲法第56条第2項）

なる。民主制の根幹を揺るがすだけに、非常に問題だね。だから、一票の格差を解消するための選挙制度改革が必要なんだ。

みさき　日本の投票率は低いとよくいわれる気がするのですが、その辺りはどうなのですか？

高橋　投票率が低いことも、ある意味、国会の議決構成におけるねじれをうむ要因の一つだよ。高齢化、少子化による人口構成上の要因もあるけど、もともと若い世代になればなるほど、投票率が低くなる傾向があるんだ。選挙で多くの票を集めるなら、投票率の低い若者より、投票率が比較的高い高齢者から支持されるような政策を訴えるし、そうした政策が推進されていったりと、偏りも生じやすくなっていく面があるんだ。

みさき　若い世代がもっと積極的に投票しなければいけないってことなんでしょうけど、雇用とか、子育て・教育など、私たち若い世代と関連のある政策がもっと議論されれば、少しは選挙に関心をもてるんですけどね。

ヒロキ　選挙が近づくと、もう政策なんてそっちのけだからなあ。

高橋　一般的に、政局は政治家のゲームとして否定的に見られがちだけど、いくら政策論争をしたところで、最後は国会議員の多数決によって法律も予算も決まる。採決を前に票獲得・多数派工作をめぐって、与野党が激しい駆け引き、攻防を繰りひろげるのも無理ないんだ。

ヒロキ　そうはいっても、やっぱりなあ……。

高橋　君たちも、三人以上で一つのことを決めるとき、話し合ったすえ、多数決で決めるよね。その過程で、それぞれ妥協や反目、交渉といったことを自然と行っている。駆け引きしたり、個別に根回しをすることもあると思う。参加プレイヤーが多くなればなるほど、それぞれの思惑が複雑に絡み合ってくる。議論だけでは埒が明かないから、それぞれ多数派工作に乗りだすんだよ。

ヒロキ　たしかに。そう考えると、日常生活と「政治」って案外近いものなんだな。

高橋　政局をひっくるめて、政治に興味をもち、選挙に行くことが、当たり前の話だけれども重要なんだ。

ヒロキ　選挙に行かなきゃとは、みんな思っているとは思うんですけど。

高橋　なんなら立候補したっていいんだ。投票する権利にばかり注目されやすいけど、国民が立候補する権利、すなわち「被選挙権」もあることを忘れてはならない。満二五歳以上であれば衆議院議員、市長・村長や地方議会議員の選挙に、満三〇歳以上であれば参議院議員と都道府県知事の選挙に、所定の手続きにのっとって誰もが立候補することができる。地方議員は、いまのところ案外運良くなれてしまうかもね。

ヒロキ　そんなもんなんですか。とりあえず投票からですね。

高　橋　このほか、国政では、憲法改正の「国民投票権*」や最高裁判所裁判官の「国民審査権*」があるんだ。

請求権（請願権）――国民の権利2

みさき　参政権のほかに、国民がもつ権利はあるのでしょうか？

高　橋　憲法第16条で定められている「請願権*」という、国に請求できる権利があるんだ。国民が、国家の行為にたいして請願、意見表明することが認められていて、国会を含む国家機関すべてにたいしてできるんだ。国会は、衆議院でも参議院でも構わない。

ヒロキ　誰でもできるんですか？

高　橋　これは国籍も年齢も関係ないから、外国籍でも未成年でも可能なんだ。

★憲法改正の「国民投票権」
憲法を改正する場合、「各議院の総議員の三分の二以上の賛成で、国会が、これを発議し、国民に提案してその承認を経なければならない」（憲法第96条）とあり、「日本国憲法の改正手続に関する法律」にのっとって国民投票が実施される。現行では、これが唯一の国民投票権である。

★最高裁判所裁判官の「国民審査権」
最高裁判所裁判官を罷免するかどうかを国民が審査し、直接意思表示するための権利（憲法第79条、最高裁判所裁判官国民審査法）のこと。内閣によって任命された最高裁裁判官は、任命された後の最初の衆議院選挙の際に国民審査され、その後は一〇年を超えるごとに再審査される。

★請願権
「何人も、損害の救済、公務員の罷免、法律、命令又は規則の制定、廃止又は改正その他の事項に関し、平穏に請願する権利請願内容を文面にして請願すればいいんだ。一人でもできるけど、通常、複数人での署名がほとんど。

ヒロキ　じゃあ、先生と僕とみさきさんと三人で、請願できるってことですか？

高橋　そこまで簡単ではない。国会議員の紹介が必要となるんだ。まあ、そんながっかりした顔しないで。そこまで、ハードルを下げると、有象無象が押しよせるでしょ、当然。

みさき　請願するといっても、具体的にどうすればいいんですか？　文書にしてどこかにもっていくんですか？

高橋　だいたい要望する内容を簡潔にまとめた文書に署名簿を添付して、国会議員の事務所にもっていくケースが多い。署名簿をもっていくのは、その問題にどれくらいの人が関心をもっているか、数値として伝わりやすいからね。

国会議員の紹介として、国会開会中にその議員の秘書が、所属議院の議事部請願課に請願書を提出するんだ。提出期限は、会期終了日の七日前に締めきられるのが慣行となっている。

ヒロキ　国会議員のところに行くのは、気合いをいれれば行けるだろうけど、署名をいっぱい集めないといけないとなると個人じゃなあ。

を有し、何人も、かかる請願をしたためにいかなる差別待遇も受けない」。（憲法第16条）

高橋　まあ、そうだね。先に進めると、事務的審査を経て、議長は請願テーマごとに所管する委員会に付託する。委員会の審査後、議院の本会議に付すか否か、採択すべきか否かについて採択されるんだ。内容によっては、内閣に送付すべき事案か否かも判断する。こうした審査を経て、議院として採択すべきものと結論に達した請願のみを、本会議で採択するんだ。

採択された請願のうち、内閣において措置することが適当とされたものは、議長から総理大臣に送付される。一方、内閣に送付しない請願は、国会内で処理する。議院の採択を経た請願は非常に重いものであるだけに、内閣には送付された請願を適正に処理しなければならない実行責任が課せられるんだ。そして、毎年二回、その処理経過を国会に報告しなければならない。

みさき　でも、それって本当に上手くいくのでしょうか？　建前だけに見えるんですけれども。

高橋　まあそうだね。請願通りに国会で採択されているかというと、送付している数と審議未了の数を比較すると、当然、審議未了のもののほうが多い。これが現状。実際、採択されたもののうち、国会で措置したものはほぼゼロ。内閣に送られたものも三五五五本のうち二四七本（二〇一一年、衆議院のみ）。本当に限られたものしかない。

ヒロキ　でも三〇〇〇本以上もだされているんですか。知っている人は知っているんですね。僕なんてまったく知りませんでしたけれども。

みさき　請願する内容はどういったものでも良いのでしょうか？

高橋　損害の救済、公務員の罷免、法律、命令または規則の制定、廃止または改正にかかわるもの。

みさき　具体的には、どんなことが考えられますか？　たとえば、水俣病なんかはこれにあたりますか？

高橋　そう、水俣病*といった公害問題やB型*・C型肝炎*といった薬害訴訟への救済要求なんかはもっとも分かりやすい例だね。また「この法律を廃止してほしい」という請願もできる。ただし、先ほどもいったように、これらには国会議員の紹介が必要となる。その際、同じ紹介議員がその国会会期中に同じ内容を重複して請願することはできないし、違う紹介議員を通じて同じ内容で請願することもできないんだ。この点は注意が必要。つまり、一回だけ。

　ということもあって、国会への請願は簡単ではない。まあ機能しているかいないかといえば、否だね。

★水俣病
化学工業会社チッソが水俣湾に流した、水銀を含んだ廃液により引きおこされた公害病のこと。新潟阿賀野川でも昭和電工によって同様の公害が引きおこされた。

★B型肝炎訴訟
幼少期に受けた集団予防接種等の際に、注射器が連続使用されたことによってB型肝炎ウイルスに持続感染した人びとが、国にたいして損害賠償を求めている集団訴訟のこと。

★C型肝炎訴訟
出産、手術などの際に、汚染された血液製剤を投与されたことによって、C型肝炎ウィルスに感染した人びとが、国にたいして損害賠償を求めている集団訴訟のこと。

陳情――国民の権利3

みさき　請願が機能していないとすると、他にはどんなものがありますか？

高橋　「陳情」だね。聞いたことあるでしょ。なんで顔をしかめているの？

ヒロキ　いやあ、なんだか悪い響きがしたので。永田町や霞が関に地方から来て、やれ高速道路をつくってくれ、やれ空港をつくってくれ、といって列をなすみたいなイメージしかないんですが。

高橋　それもまた、随分古いイメージだな。実際そういうの見たことある？

ヒロキ　いや、ないです。

高橋　「陳情」っていうのは、そもそも、国会、議員個人、政党、行政、あるいは地方公共団体や地方議員にたいして働きかけることをひっくるめていうんだ。

「請願」と違って、国会議員の紹介はいらない。各方面からいろいろな陳情があるから、要点をコンパクトにまとめた文書にして提出することが基本なんだ。また、請願と同様、署名簿も添付するとそれなりに重みが増す。ただ、陳情を受けた側が、その文書をどのように処理しているかは、不透明だけどね。

みさき　請願と陳情の違いは、国会議員の紹介が必要かどうかだけですか？

高橋　重みでいうと、憲法で権利が定められた請願のほうが重いし拘束力がある。国会請願の場合は、国会の議決を通じて採択されることもあるからね。それにたいして陳情は意見を述べるだけなので、比較すると軽い。その違いが大きいかな。

ヒロキ　請願よりはハードルが低そうですけど、国会などに送りつけるだけだと、あまり相手にされなさそうですね。

高橋　ということもあって、業界団体・企業、地方公共団体、市民団体、労働組合などの利益団体が、政党や個別議員、行政にたいして、非公式な陳情を行うことが、どちらかというと多かったんだよ。

ヒロキ　表にだしたくないという面もあるのですか？

高橋　要求する側の意図によっては、自己利益拡大を目的に行う場合もあるし、場合によっては社会的利益と相反する要求だってある。そうした後ろめたさや、世間に晒されると不利益という面もあると思うよ。

とくに、陳情の多くは、国会請願と違って、国会で審査され、議案として内容が開示されるわけではない。年末になると自民党税制調査会*の会議場入口付近に、

★自民党税制調査会
租税制度や税率変更について調査審議する自民党の審議機関のこと。

業界関係者などが列をなして、プラカードやのぼりなどをもって、会場入りする自民党議員に要望チラシを配るシーンが、テレビなどでよく放送されていたりする。だから、陳情といえば、自分たちの優遇・利益拡大のための働きかけというイメージが、いまだに根強くあるんだ。こうした悪いイメージが定着してしまっているのは、やはり陳情の処理が不透明なことと、与党の国会議員に群がる陳情関係者が特定の人たちになっているからだろうね。

ヒロキ　そうすると、陳情というと悪いイメージがあるが、必ずしもそういうものではないと？

高橋　事件や事故の被害者が陳情を行うこともあるし、国会請願の方法を知らずに、まずは陳情のかたちをとることもあるから、誤解を受けている面はあるね。注意すべきは請願も陳情も国民が直接、意見表明する重要なツールであり、それ自体は批判されるべきではないし、こうした権利行使こそが国民主権の根幹だと思う。問題があるとすれば、やり方と、特定の人たちに偏っていることだね。

みさき　陳情を受けとった側は、どのような対応をとるのでしょうか？

高橋　政党や国会議員が関心をもっていれば、議員立法を行ったり、政府に政策提言や働きかけを行ったりといったケースもあるよ。行政機関にたいする陳情は、行政のなかで処理するということになる。

みさき　妥当性がないとどうなるのですか？

高橋　そもそも取りあげられないね。また、優先順位をつけて優先すべきではないと判断されたら放置される。考え方の相違で取りあげられないケースもある。政党や議員の支持団体との兼ね合い、その陳情者に地元の有権者がいるかいないかなども重要になってくる。そういった人間関係の要素も大きいかな。

ヒロキ　請願ほどじゃないけど個人でやるとなると、陳情もハードルは低くないですね。なんか尻込みしちゃうけどな。

高橋　慣れの問題でもあるね。意見表明としてはよく使われる手段だから、なにか問題があったら、躊躇なくやっていいことだよ。

直接請求と住民投票――国民の権利4

高橋　いままで話してきた参政権や請願権は、国政でのことだけれども、より国民生活に近い地方政治では、「直接請求権」というものがあるんだ。「地方自治は民主主義の学校*」という言葉があるけど、憲法には直接民主制の規定が定めら

★「地方自治は民主主義の学校」イギリスの政治家J・ブライスの言葉。住民自らの政治参加によって、民主政治の担い手としての必要な能力を形成できることを意味している。

れている。地方自治というのは住民参加を前提としているから、いわゆる大統領制の要素、直接民主制の構造を取りいれたしくみを採用しているんだ。

ヒロキ　だから、国と地方って、しくみが違うのか。なるほど、いやあ発見。

高　橋　直接請求権は、地方行政の首長など主要公務員や地方議員の解職、議会の解散といったリコールや、事務監査などについて、住民たちが所定の手続きにのっとって請求することができる権利をいうんだ。

　この直接請求は、有権者の五〇分の一以上の署名を集めて意見を提出するんだけど、その請求を受理した日から二〇日以内に、首長は地方議会を招集し、同議案について審議のうえ評決で可否をとるということになっている。そして、その結果を公表しなければならないんだ。

みさき　直接請求を行うのに、住民の五〇分の一の署名が必要となると、人口が多いほうが難しいことになりませんか?

高　橋　当然、人口比例になり、人口の多い都市部になると、署名をより多く集めなければならず、ハードルが上がるという面はあるね。ただ逆に、人口が少ない町村になればなるほど、権利は行使しやすくなるけど、コミュニティが小さいと地域的なしがらみも多く、住民間の軋轢をもたらしかねないこともあって、権利行使にいたらないことだってあるんだ。

ほかにも、直接請求の権利として、地方自治法74条で規定されている条例制定・改廃にかんする請求もある。ただし、地方税の賦課徴収や分担金、使用料や手数料の徴収にかんするものは含まれない。

みさき　直接請求をするにふさわしい内容とかありますか？

高　橋　それは地方議会が定める条例や政策課題によって違うから、一概にはいえない。それに、直接請求によって条例の制定・改廃にいたった件数は、それほど多いわけではない。ただ、市民団体の要望にもとづいて住民投票条例の制定を直接請求するケースは多いよ。

みさき　直接請求と住民投票は、どういう関係なのですか？

高　橋　直接請求権とならんで住民が意思表示できる権利が「住民投票権」。住民投票を実施するには、政策・行政施策ごとに根拠となる条例を制定する必要がある。このため、市民団体などは、まず条例制定の直接請求を行うんだ。ただ、条例制定の直接請求をしたからといって、条例が制定されるとは限らない。地方議会が否決するケースも多いんだよ。

ヒロキ　それはなぜですか？

高橋　あくまで間接民主制が前提だから、なんでもかんでも住民投票に委ねようということになってしまうと、制度上問題なんだ。

みさき　住民投票ではどういったテーマが多いですか？

高橋　たとえば、基地問題とか、役場の建て替え、ダムやごみ処理場などの建設の是非など、住民の国民生活を脅かすような政策課題は住民投票に結びつきやすいケースかな。また、住民の関心の高い政策テーマも比較的結びつきやすい面もあるね。ただし、仮に条例が制定され投票が実施されたとしても、法的拘束力をもたないといった不備などにより、住民の意思が正しく反映されにくいという問題も指摘されているんだ。

ヒロキ　署名を集めるのも大変だし、実現するのにもハードルが高いなぁ。

高橋　個人でもやれなくはないが、ある程度の組織力が必要なのはたしかだね。

パブリックコメント

高橋　このほか、行政機関が、政策形成・意思決定の過程で、国民に意見を求めることもあるんだ。これは、「パブリックコメント」と呼ばれている。所管する行政機関が、政策や法令といったものを作成するにあたって、その素案を示して広く一般から意見・情報を募集することが義務化されているんだ。一九九九年に閣議決定にもとづいて導入されたもので、二〇〇五年の行政手続法の改正で法的裏付けがとられたんだ。

みさき　これは、今後発令する行政命令などについて、意見を聴くということですよね?

高　橋　そのとおり。総務省が運営する総合的行政ポータルサイト*や、各省のホームページで募集しているものだね。

ヒロキ　でも、そんなの気づかなくないですか、ふつう。期間はどのくらいなんですか?

高　橋　三〇日以上の募集期間が決まり。

みさき　長いのか短いのか正直よく分からないですね。そもそも一般に知られていないとすれば、制度として機能しているとはいいがたいですよね。ツイッターやSNS(ソーシャル・ネットワーキング・サービス)などを使って工夫すれば、一気に広がりそうですけど。

高　橋　意見を集める内容についても、〇〇プランについてというように、決ま

★総合的行政ポータルサイト「e-Gov」(http://www.e-gov.go.jp/)

ったテーマにそった内容で意見・情報を求めている。テーマによっては、意見表明できる対象が絞られることもあるけれども、そのタイミングで意見を述べることができる。

ただ、行政側が示す素案をじっくり読みこまないと意見を表明しにくいし、専門的すぎてなかなかいいたいことをいえず、面倒だから辞めたという人もいるだろうね。内容にもよるけど、意見などを提出しているのは、法令変更や行政命令によって直接的な影響を受ける関連団体といった利害関係者がほとんどということもあると思う。

もっとも、メールなどで送るだけだから、書きたいことは書けるけれど、なかなか意図が伝わらないという問題だってあるよね。

ヒロキ　そもそも、ちゃんと読んで、政策づくりなどに反映しているのかなあ。

高　橋　そこも問題だね。ある種のアリバイづくりといえなくもない。「国民からはこんな意見がでています」というかたちで行政の都合で取捨選択されている可能性はある。不都合なものは無視されている可能性もなくはない。インプットされたものがアウトプットされるまでのプロセスがすべて見えているわけではないからね。パブリックコメントの可視化を含め、行政内の政策形成・決定プロセスのオープン化を進めていくことが大事なんだ。

個人レベルの限界

みさき　個人に認められている権利というのは、だいたいこんな感じでしょうか？

高橋　権利ではないけど、個人ベースの政治参加として、政党が主催するタウンミーティング*や、討論会などの各種イベントに参加して意見をいったり、政党・議員のホームページやSNS、ツイッターなどから意見・情報を提供したりすることもあるね。また、政党への政治献金、政治家が推進する政策を支持する観点から政治献金するという間接的方法もある。

　しかし、いずれにしてもこれらのことだけではなかなか国民の声が政治に届きにくいし、政策形成にかかわっているっていう実感ももちづらいね。

みさき　選挙権・被選挙権をはじめとする参政権、請願権・陳情、直接請求権・住民投票権、パブリックコメントなど、個人ベースでの政治参加は、どれも受動的な印象を受けました。すでにまとまった政策案にたいして改善を求めたり、起

★タウンミーティング
政治家や閣僚などが一般市民にたいして行う対話型の集会。立法や行政への直接参加を促すために開かれる。

こってしまった事態にたいして要求するといったものがほとんどで、政策形成のプロセスに加わっている感じがあまりしないんですよね。できたものに、意見や批判・要望をしても、反対しているだけで、対案がないという感じがして。

高橋　そこが難しいところで、これは、さっきも少し話したけれども、間接民主制か直接民主制かという問題にもかかわってくる。日本は議会民主制という間接民主制だけれども、政策形成のプロセスに国民がどのようなかたちでかかわっていくのかは判然としない部分がある。国民と政治の距離が縮まらないし、国民の意見が政治に反映されていかず、フラストレーションがたまる原因になっているとも思う。

後でまた話すが、地域主権を進めるなり、道州制を導入するなどして、より身近で国民の政治参加しやすい単位の統治体制のもと、地域のことは地域で決めることができていけば、いろいろやれることはあると思うよ。

組織力を活かす

ヒロキ　政策の形成過程に個人で参加するのに限界があるとしたら、やはり団体でのアプローチってことですか？

高橋　団体を組織してかかわったほうが当然影響力はある。国民一人ひとりがもつ参政権や請願権などを団体で行使すれば、権利を最大限に行使できるからね。

ヒロキ　たしかに　個人の場合だと、オピニオン的存在じゃないと、求心力も乏しいし、社会的影響力もかぎりがありますよね。

高橋　団体は、目的・目標を共有し、実現に向けて継続的に行動するよね。資金・人材・情報・技術などあらゆる資源を組織的に調達することもできるし、ネットワークを活かしてさらなる支援者を広げたり、メディアへ働きかけたりすることも可能になる。法人格をもつ団体なら、社会的信用も高い。だから、二日目に話した、ＮＰＯ・ＮＧＯといった団体ベースで取り組んでいくことが効果的なんだ。

ヒロキ　なるほど、ここでようやく最初の話ともつながってくるわけか。

高橋　ＮＰＯ・ＮＧＯには様々な団体があって、環境問題、国際平和、国際協力などといったいわば国をまたぐような活動から、福祉、子育て、まちづくりといった身近な生活にかかわるものまで、様々なものがある。ＮＰＯなどが行っている事業やサービスは、公共政策と切っても切れない関係にあるんだ。

みさき　NPOなどが政策形成にかかわるという面からいうと、今後はどんな課題があるのですか?

高橋　これからのNPOは、地域ベースでの具体的な事業・サービスを行うことにとどまらず、超党派的スタンスで政策形成に参加し、制度・規制改革を促していくことまで考えないとダメだね。単に行政の下請け機関、あるいは新しい公共を担う代替機関として、NPOがどんなに優れた事業・サービスを行っていたとしても、既存の制度や法体系のもとでは、NPOの事業は広がっていかないし、サービスを拡充するにも限界があるんだ。そのうち、行政の補助金や指導に頼るようになってしまう可能性すらある。

みさき　そうならないためには、どうすればいいのでしょうか?

高橋　自主性や機動性といったNPOの特性を最大限発揮するためにも、市民への啓発やメディアへの働きかけなどを通じて、既存の制度や規制の変革を訴え、国民・有権者の意識・行動の変化を起こしていくとともに、政策当事者に働きかけて法令改正や公共政策の転換をも実現していくことが重要なんだ。

　地域の事業・サービスとアドボカシーによる組み合わせで好循環をつくりだすことで、社会的影響力を強めうる。また、政策決定者がより的確な判断ができるよう、僕たち市民も政策決定者にアイデア・情報を提供したり、現状を知ってもらう機会を積極的につくっていく必要もあるね。

ヒロキ　NPOの活動を、もっと多様化させなければいけないってことか。

高橋　そう。これまで、市民団体やNPOが政策形成に参加するといえば、迷惑施設の建設、原発再稼働や増税といった政策課題にたいし、デモ行進や集会の開催、署名活動・陳情といった方法で反対運動を展開するのがほとんどだった。でも、二日目でも説明したように、NPO法の成立にかかわった市民グループは、独自に政策研究・分析に取り組んだり、政策提言・市民立法を試み、組織力・ネットワーク力を活かしてロビイングを展開することで、NPO制度の確立を実現させることができた。そうした試みは各方面にではじめているし、これからそうしたニーズもいっそう強まっていくだろうね。

みさき　当時よりもさらにインターネットの利用が進み、オンライン上で調べたり、主張したり議論もできるし、関心を共有する人たちとつながることもできますしね。

高橋　そのとおり。コミュニケーションのコストが下がったことによって、政治参加のハードルも格段に低くなったわけだ。だから、まず手始めに、関心があったり、変えたいと思っている領域の団体を調べてみるのもいいかもね。そこから、もう一歩踏みこんで、寄付したり参加してみるといいんじゃないかな。もしそうした団体が身近に存在しなければ、自ら仲間を集めて組織化し、週末事業として政策活動に取り組むというのも面白いよ。

専門家集団を活用する――シンクタンクとコンサル

みさき　でも、先生、こうした団体だけじゃ不十分っておっしゃっていませんでしたっけ、たしか?

高橋　そうだね。残念ながら、日本には、政策や法律といった専門性をもった人材がまだまだ乏しいんだ。何度も繰りかえしてきたけど、国を動かすためには、立法と予算の裏付けが不可欠なんだ。いくら問題を解決する処方箋として、理論的に裏付けた政策をとりまとめることができたとしても、立法措置を講ずることができなければ、政策を実現することができないんだよ。でも、そもそもそうしたマインドが欠如していたり、立法技術や法令解釈などのノウハウがなければ、官僚たちに足元をすくわれることになってしまうんだ。

ヒロキ　とはいえ、今日までの講義を聴いたかぎり、普通の人に法律案を書くのは、いくらなんでも無理ですよ。僕は書けませんし、絶対書きません。

高橋　ははは。そうすると、法律案を書けるプロがいればいいってことになるよね。政策を実現するための、具体的な知恵とノウハウをもったプロがね。

みさき　それが、シンクタンクといった組織でしょうか？

高橋　そうだね。僕みたいな政策コンサルタントとかね。日本では聞き慣れないかもしれないが、欧米先進国、さらには韓国やロシアなどもこういった専門家集団が、政策形成において重要な位置を占めているんだ。

日本では、行政機関向けの戦略系コンサルティングや、受託調査研究を行うシンクタンクは多くあるんだけど、政党など政策当事者向けに公共政策の立案、その政策を法律案にまで落としこむことも含めてコンサルティングしているところは、まだ数少ない。

ヒロキ　シンクタンクとかコンサルタントとか、さっぱり分からないのですが。

高橋　たとえば、アメリカの公共政策系シンクタンクは民間非営利組織で、独立系ＮＰＯや財団、高等教育研究機関の付属組織、政党付属の調査研究機関など形態も様々なんだ。また、調査・研究している政策テーマも、それぞれの団体によって専門分化しており、その分野の政策専門家たちを専属スタッフとして抱えている。

こうしたシンクタンクに共通しているのは、超党派的立場から、アカデミックで理論的・客観的考察にもとづき、政策当事者に政策提言や助言、メディアへの発表、政策教育などを行っている点だね。その多くは、研究機関として中立的で独立したスタンスを保っているところがほとんどだけれども、個々の政策専門家たちは、それぞれの信念や価値観に従い、活動しているんだ。

ヒロキ　政策コンサルタントは少し異なるのですか？

高橋　政策コンサルティング会社は、それぞれ会社組織の強みとする専門分野が異なるため、一括りにはできないのだけれども、政策・立法面のアドバイスや企画・立案、議員や政策スタッフなど政策当事者へ個別に働きかけるロビイング、あるいはマスメディアを通じた世論喚起を含めたパブリック・アフェアーズなど、業務対応も多岐にわたっている。立法府向けの立法業務を対象としているところもあれば、行政府向けの政策執行・運用にかかわるコンサルティング業務もあるんだ。もっとも、会社組織としては、シンクタンクと同様、超党派的スタンスだけれども、依頼主・顧客のオーダーに応じて、臨機応変に業務対応することが多

い。〈↓コラム3参照〉
みさき　先生のところでは、たとえばどんなことをしているんですか。
高橋　僕のところでは、自民党・みんなの党*が共同で国会提出した「国家公務員制度改革法案（二〇一二年現在、未成立）」や、みんなの党提出の「日本銀行法の一部を改正する法律案」など、議員立法の骨格づくりや、条文案の検討やチェックなどをサポートしている。国家公務員制度改革法案をサポートしたときは、衆議院内閣委員会での審議に、僕らのメンバーが補佐人として陪席して、法案提出者の答弁も補佐したんだ。

五日目でも説明したけど、政府提出法案の場合、大臣らの答弁をサポートする官僚が大勢控えているが、議員立法の場合、法案提出者をサポートする人たちが少ない。そこで、企画・立案から関与していた僕らのメンバーが、補佐人として答弁をサポートしたんだよ。

このほか、民間企業や業界団体などに、規制をめぐる問題などの政策アドバイスをしたり、ロビイング、世論喚起なども行っている。
みさき　とすると、シンクタンクはどちらかというと学際的な調査・研究系で、政策コンサルは実務系といった理解で合っていますか？

★みんなの党
自由民主党を離党した渡辺喜美が中心となって、二〇〇九年に結党。業界団体や労働組合などの特定支持団体からの支援・後援を受けない国政政党である。

コラム 3

ロビイングとはなにか

ロビイング（Lobbying）とは、各種団体や個人などが公共的利益または特殊利益などの擁護・増進を目的に、政策決定に影響力を及ぼそうと働きかける活動のことである。アメリカ連邦議会のロビーに議員が訪問者と面会する控室があり、この場所で各種団体・個人が請願・陳情活動を展開していたことに由来する。

具体的には、憲法の「政府に対する国民の請願する権利」行使をはじめとして、組織化、政策当事者への情報提供、国民各層に向けた広報・PR、世論喚起といった諸活動を行うことをいう。また、立法府の議員や政府当局者などに接触して働きかけたりもする。

こうした活動をビジネスにする者たちをロビイスト（Lobbyist）と呼ぶ。ロビイングが盛んなアメリカでは、議会・政府などの幅広い人脈、法律や特定政策などの知識、交渉・説得力などを武器に商売としている職業ロビイストのほか、企業・団体の政府対応を担う部署に所属する一般社員も含まれる。

日本では、ロビイングを企業や業界団体などによる圧力行為と捉えがちだが、民間それぞれの立場から政策形成に関与し、政治介入しようとする行為全般を示す。つまり、企業や業界団体、労働組合といった特定利益を推進する圧力団体のみならず、市民らによる公共的利益追及、草の根活動も含まれるのである。

ただ、個別かつ非公式に政策決定者と接触し働きかけを行うロビイングは、献金、過剰な贈答品や接待など、政治腐敗と結びつきやすいのもたしかである。影響力行使を試みる利益団体は、ロビイストを雇ったり、顧問契約を結んだりしている一方、政治家個人への献金も行っているところが多い。

こうした政治腐敗を防止するため、一定の制限・規制をもうけている国が多い。たとえば、アメリカでは、一九四六年に成立した立法府改革法第三編（ロビイング開示法）にのっとって、登録制（年四回）が採用されており、約三万人が登録している。

ロビイストは活動内容と目的、報酬額を書類にして、上院・下院のそれぞれに提出することとなっている。こうした情報は、国民に開示されている。

また、政治資金の流れへのチェックに重点が置かれており、一〇ドル以上の支出は、明細・署名を記載した受領証を取得し、保管するよう義務づけられている。

近年、こうしたロビイングに加え、「パブリックアフェアーズ（Public Affairs、ＰＡ）」にも注目が集まっている。ＰＡは公開の場での意見交換、ステークホルダー（利益関係者）との連携関係の構築、マスメディアを通じた世論喚起・ＰＲ活動などにより、合意形成プロセスの透明性を確保しつつ、規制改革や新ルールづくりに向けて働きかける活動である。ロビイングが政策決定者との交渉・説得を重視するのにたいし、ＰＡはコミュニケーション戦略を重視し、世論を背景に政策決定者を動かしていくことに重きを置いている。

欧米などでは、ロビイングやＰＡが公認・推奨されており、政治システムに根付いている。近年、世界市場に参入している日本企業のなかには、こうした組織を積極的に活用しているところもある。日本国内でもＰＡのサービスを提供する会社などが登場しはじめているが、まだ未発達の分野といわざるをえない。

今後、ロビイングやＰＡを担う政策コンサルタント、弁護士、ＰＲ会社担当者などの活躍が期待される。また、間接民主制を補完する「国民の請願権」を効果的かつ公正に行使できるよう、国際標準並みに、政治関連資金の透明性を担保したロビイング法制を整備していくべきだろう。

高橋　ざっくりとだけど、まあそんなところだね。ただ、公共政策系シンクタンクも政策コンサルティング会社も些細な役割の違いで、扱っている内容はほとんど同じなんだ。「シンクタンク・コンサルティング」と一括りにされることも多い。実際、日本の総研系シンクタンクも、取り組みはコンサルティング業務としているところもあるぐらいだからね。

日本ではなぜ根付かなかったの？

みさき　なぜ日本にはこれまで、そういった専門家集団がなかったのですか？

高橋　一九六〇年後半、企業利益を高める目的のための企業系シンクタンクなどを中心に多く設立されたけど、公共政策系シンクタンクなどは非常に小規模で数も少なかったんだ。公共政策系も、多くは政府省庁の外郭、政府関係機関の研究所が多かった。また、シンクタンクの活動も、多くは行政機関や民間企業などからの委託研究がほとんどだった。当時は、霞が関が日本最大のシンクタンクであり、欧米のような立法府や政党向けの政策研究・コンサルティングのニーズも乏しかったんだ。そのうえ、公共政策系は、採算性のあわない分野として細々と行われてきた。

みさき　政官業の鉄のトライアングルが強固だった時期と重なりますね。

高橋　一九九〇年代半ばになると、ふたたび民間非営利・独立型のシンクタンクの成立ブームが起きた。一九九〇年代から総合政策や政策科学といった大学学部や大学院研究科などが相次いで設立された。また、政策指向が強まり、「行政機関の保有する情報の公開に関する法律」（二〇〇一年施行）、「行政機関が行う政策の評価に関する法律*」（二〇〇二年施行）といった行政の民主化が進んだほか、「政策担当秘書制度」（一九九四年）なども成立したんだ。

みさき　NPO法もこの流れでできましたね、たしか。

高橋　そのとおり。当時、設立された民間非営利・独立型のシンクタンクには、政権発足に関与した東京財団、民主党政権下での事業仕分け導入のきっかけをつくった構想日本などがある。こうしたシンクタンクの一部はいまでも活動しているが、その多くは、二〇〇四年前後にブームが終わるとともに、消滅していったんだ。

その後、政治主導の政策形成に変えようと、二つの大政党がシンクタンクの設立に乗りだした。自民党系シンクタンクや、民主党シンクタンクがそれぞれ設立

★行政機関が行う政策の評価に関する法律
行政機関が実施する政策評価についての基本的事項などを定めた法律のこと。効率的な行政の推進、国民へのアカウンタビリティを目的に、各省庁が自らの政策を事前・事後において客観的かつ厳格に評価し、その結果を施策に反映・公表するよう義務付けている。

されたんだけれども、二〇〇九年の衆議院選挙での政権交代を分岐点にその活動が停止し、これまた自然消滅してしまったんだよ。

ヒロキ　シンクタンクがつくられても、なかなか経営が安定しないんですね。なぜですか？

高橋　一つは、公共政策の研究・調査は、いまも昔も採算がとりにくく、収益性を確保することが難しいという面がある。政党関係者や国会議員たちは、これまで霞が関に政策立案を任せていただけでなく、政策情報源としても依存してきた。もともと霞が関には、所管する企業や団体から一次情報が集まるうえ、調査活動も定期的に実施している。官僚に頼めば政策情報をもってきてくれるし、国会議員がその情報にたいして出費することもない。このため、政策情報・アイデアの生産コストを度外視したり、多種多様な政策研究の有効性に無理解だったりする傾向があるんだよ。

　ただ、政策情報やアイデアの生産コストはゼロではない。霞が関から提供される政策情報も、人件費を含め税金で賄われているから、国会議員も無料で利用できるだけのこと。当然、民間に委託すれば、それなりの生産コストがかかる。政策情報はタダで提供してもらえると勘違いしている国会議員たちは少なくない。

もっとも、霞が関から提供される情報は、官僚にとって都合のいい政策情報しかでてこない可能性もあるので、最近では、業界団体やシンクタンク、NPO、学者などにアクセスして、情報提供を求めるケースが増えている。

ヒロキ　政治主導のためには、こういうところから発想の転換が必要ってことか。

高橋　また、多種多様な政策研究活動が日常的に行われ、蓄積されていればこそ、いざというときに理論的に検証された代替案を抽出することができる。そうした環境もなしに、ボタンを押せば、すぐに代替案や関連情報がでてくるという代物ではない。

長らく政策情報や企画立案を官僚に依存してきた結果、そうしたことへの理解が十分ではないんだ。まずは、生産コストや多種多様な政策研究活動の重要性についての理解を深めてもらうことが大切なんだよ。

みさき　ということは、需要サイドに問題があって、ビジネスとして成り立たないってことですか？

高橋　いや、そうでもないんだ。供給サイドのシンクタンク側にも課題はある。これまで、日本で公共政策系シンクタンクが定着しなかった主な要因として、需要サイドのニーズがどこにあるのか、把握できていなかったことにあるのではないかと思っているんだ。

日本では、シンクタンクが必要だとか、政策資源を調達して政策案をつくり、そのアイデアが取引されるマーケットがないといわれてきた。そのとおりだね。ただ、アメリカは、公共政策系シンクタンクなどの政策人材が政府内に入って政策実施過程にも関与できるけど、日本はそれができない。

だから、日本の場合、単に政策をつくって提言するだけでは不十分なんだ。理論的裏付けや政策間の整合性はともかく、政策メニューをとりまとめるまでは、国会議員も日々行っているからね。

みさき　すると必要になるのは、やはり政策を具体化させるための法律をつくる作業ってことですか？

高橋　そのとおり。技術的で専門性を要する立法作業だね。実際、政策を法律にどのように落としこめばいいのかについて知恵を貸してほしいというニーズのほうが高いんだ。たとえば、官僚のレトリックによって骨抜きにされないようにするにはどうすればいいのか、官僚の拡大解釈を防ぐためにはなにが必要かといったこと。ようは、政策を法律案に落としこむまでサポートしてほしいということなんだよ。

これからの政策形成はどうあるべき?

みさき　そうすると、公共政策系シンクタンクや、政策コンサルティング会社に期待される役割は大きいですね。

高　橋　外交・安全保障、金融・マクロ政策など、法令をあまり必要としない政策を除いて、「立法技術・法令解釈の能力」を備えた公共政策系シンクタンクや政策コンサルが、国政レベルや地方政治レベル、あるいは政策分野ごとに登場、台頭することが重要なんだと思うよ。

　また、対案提示を含め建設的な政策論争を行っていくためにも、立法府側でも多種多様な政策研究・調査を日常的に行ない、国会議員の政策づくりや立法作業をサポートするしくみの充実が不可欠だね。

ヒロキ　政治の側も考え方を改めないとダメですね。

高　橋　そのとおり。本気で官僚依存から脱するなら、国会議員たちが立法権を握り、駆使すべきだと思う。とくに、総理大臣は、閣僚を通じて官僚を使いこなすだけでなく、議員立法を積極活用するなど、与党党首としてイニシアティブを発揮すべきだろうね。

みさき　そうなると、事前の準備というか、人材だったり政策の蓄積というのが、決定的ですね。

高　橋　そうなんだ。政治主導を謳うなら、野党時代から多様なチャネルをもっておくことだね。総理大臣や政務三役たちは、日々、官僚たちの説明攻めにあう。説明攻めにされることで、官僚から示される政策情報や解決策だけが正しいと錯覚し、官僚以外からのものは雑音レベルになっていく。その結果、官僚が敷いたレールのうえでの政策決定になっていくんだ。

ヒロキ　そうならないために、別のサポーターも必要ってことか。

高　橋　だから、官僚を使いこなすだけでは十分でない。政権入りする前から、独自の政策ブレインやシンクタンクなどを活用するほうがいい。官僚からあがってくる政策情報や解決策と、シンクタンクなどからあがってくるそれとを比較・検討することができれば、官僚の敷いたレールのうえでの政策決定にはならないし、恣意的な提案や情報提供に冷静に対処することもできるんだよ。企画・立案どころか、政策情報まで官僚に依存するかぎり、政治主導は夢のまた夢だと思うね。

ヒロキ　でも、そういうサポートができる人材って、そんなにいるんですか？明らかに不足している気がするのですが。

高橋　痛いところをつくね。この分野は、なによりも「政策人材」が資本。立法技術や官僚のレトリックを読み解くことのできる脱藩官僚も重要だし、象牙の塔に籠っている学者たちが、もっと政策の現場にでて政策づくりの経験を積み、理論と実際の調和を証明することも重要なんだと思う。また、世論喚起に長けたマスメディアや広告代理店などから人材を採用するのも必要だね。その気になれば、アイデアメーカーたる政策専門家をそろえるのは、実はさほど難しいことではないよ。

ヒロキ　じゃあ、なにが足りないんですか？

高橋　むしろ、起業家精神のもと、シンクタンクや政策コンサルを立ちあげる「政策起業家」、政策資源を調達して事業化することのできる「政策プロデューサー」の不在のほうが大きな問題なんだよ。アメリカなどでは、こうした人たちを「アイデアブローカー」と呼んでいる。残念ながら、日本では、イニシアティブを発揮して社会をリードしうるプロデューサーが圧倒的に不足している。そうした人たちの資源調達力、商品開発・プロデュース力、説得力・プロモーション力などあらゆる「生産性の向上」を図ることが欠かせないんだ。

みさき　NPOだけでなく、企業にもこういう人材がいるといいのですけど。

高橋　逆に発想すれば、チャンスでもあるんだけどね。

多様な選択肢をもつこと

みさき　内閣の外にも、官僚組織の代わりができるような様々な専門家集団が重要であり、それを仕切れる人材が必要ってことですよね。政権が代わっても、手足となって働く人たちが代わらない以上、大きな変化は望みえないわけで、代わりの選択肢をつくっていくことが必要だってことでしょうか？

高橋　アメリカ政治が、景気減速局面や政策的失敗を犯しても、なぜ強いダイナミズムで復活しうるかという点を考えてみると、つねに別の選択肢が用意されていたり、それをつくりだすだけの余力を備えているからなんだよね。選択肢があるのと、なんら解決策を見いだせず足踏みを続けているのとでは、やっぱり大きな差だと思う。さっきも少し話したけど、アメリカでは、政治任用によって民間から行政府高官に登用され、任期満了もしくは大統領に罷免されれば、別の民間人が登用される。リボルビングドア（回転ドア）といって、行政府の人材が入れ替わるんだ。

日本もここまでのしくみではなくとも、硬直的かつタテ割りの官僚人事制度を抜本的に見直し、民間からも優秀な人材を登用できるようにする国家公務員制度改革を実現すれば、大きく変わる。民間の知恵やノウハウを省庁に導入するきっかけにもなるし、政策づくりにおいて新しい視点を加えることも可能になる。官僚の古い体質を、内部から変えていくことにもなりうるんだ。

ヒロキ　でもアメリカみたいに人が入れ替わってしまったら、仕事がなくなってしまって、困るんじゃないですか？

高橋　鋭い（笑）。だから、公共政策系シンクタンクや政策コンサルティング会社などがもっと増えて、脱藩官僚や政策秘書経験者、落選した政治家など、政策人材をプールする受け皿になればいい。そうした人たちが、シンクタンクなどで政策研究などの活動に取り組み実践を積みながら、政策スキル、プロデュース力、マネジメント力など、政策活動に必要な能力を向上させる機会にしてもらえばいいんだ。そして、ふたたび立法府や行政府に入る。そういった政策人材の循環ができればいいんだよ。

ヒロキ　たしかにそうすれば、人材の蓄積もうまれて、選択肢が増えますね。

高　橋　そういうこと。政策形成のプレイヤーが、一部の利益団体やマスメディアに限られている以上、硬直的になるし、既得権益化されやすい。だから、NPOやNGO、シンクタンクや政策コンサルティング、ロビイストなど、多種多様なプレイヤーが政策形成に関与し、それぞれが連携あるいは競争しながら、変革を起こしていくべきなんだ。

みさき　実際にはどういうことをしていけばいいのですか？

高　橋　NPOなどが独自に理論的な政策研究・分析を行って、アドボカシーを展開できるだけのチカラを備えているならそれが一番望ましい。ただ、現実的な政策や法律案をつくり、政策当事者に働きかけなどを行って実現していくとなれば、政策や立法の専門スタッフ、熟練した政策通のロビイストやパブリック・アフェアーズの専門家も必要となる。ただ、それらの専門家、とりわけ実力を兼ね備えた政策人材を組織として抱えるのは、相当の経済的負担となるんだ。

だったら、内部にすべてを抱えこむのではなく、公共政策系シンクタンクや政策コンサルティング会社、広告代理店などの専門機関の協力を得ながら、社会に働きかけていけばいいんだ。事業・サービス主体のNPOと、政策・立法の専門家集団のシンクタンクや政策コンサルティング会社がタッグを組む。もちろん専門家個人の協力を得ることからでもいい。それぞれの強みを活かしあえば、規制や制度の壁、行政の壁をつき崩していくこともできるんじゃないかな。

地域で活動する

みさき　いままで国の話が中心だったのですが、こうしたことは、地方自治体でも役に立つのでしょうか？

高　橋　いいところに気づいたね。地方政治でも共通する話なんだ。

いまだに、法令を制定するといえば、国という前提があるよね。地方議会に条例制定権があるといっても、国内法体系に定められた範囲内でしか制定することができないから、そのほとんどが国の法令により委任されている事項を定めたものなんだ。つまり、総務省や都道府県が示す条例準則やモデル条例といったひな型に従って、地方公共団体の職員たちがつくった首長提出の条例案がほとんど。議員提出条例の数はきわめて少ないんだ。

ヒロキ　そうすると、どうなるんですか？

高橋　こうして定められる条例は、平準的な内容をベースとしていることがほとんどだから、比較的ニュートラルな構成・内容となり、地域のニーズなど個別具体的に対応する条例にはなりにくい側面があるんだよ。場合によっては、合致しきれてないことだってままある。

みさき　裏返していえば、地方公務員は、法律を書く技術をもっていないと。

高橋　そのとおり。地方公共団体の職員は、実際に直面している政策課題にまず対応することが求められるため、新たに条例を制定して政策対応を行うよりも、既存の枠組みのなかで行政活動により対応できるものを優先して実行する傾向が強い。だから、地方公共団体には、条例制定の技術やノウハウなどがあまり蓄積されておらず、条例を制定するための体制も整っていないこともよくあるんだ。

ただ、近年、地方から改革的な取り組みをしようと、独自の条例をつくる動きがでてきている。

みさき　先生はなにかかかわったのですか？

高橋　たとえば、大阪維新の会から、公務員改革及び教育改革に関する調査・検討作業の委託を請け負ったケースがある。大阪維新の会は、その調査結果を踏まえて条例化し、二〇一一年秋に「職員基本条例」「教育基本条例」の二案を府議会及び市議会に提出した。賛否はあるにせよ、国会で国家公務員改革法案の審議が進まないなかで、国政に先んじて公務員改革に着手しようという試みだったんだ。

みさき　これからこういうケースは、もっと増えていくのでしょうか？

高橋　増えていかないとダメだね。地域主権、道州制が叫ばれるなかで、オリジナルな政策を実現するためには、地域独特の条例制定が必要だからね。地方議員の役割と責任も今後、大きくなっていくと思うよ。

ヒロキ　でも、そうすると国と地方でぶつかることもありそうですね。

高橋　もちろん、解釈、考え方の違いから関係機関の意見の衝突というものがでてくるかもしれない。また、道州制の導入などにより、地域独自に法令を定めるようになった場合、国政と州政府との法規上の齟齬が生じたりすることも増えるかもしれないね。そうした場合にいかに調整し、整合性のとれたものを行っていくかが必要になる。道州制の段階までいかなくとも、まず地域のニーズや特性に合致した条例などを制定・改廃するなど、活発な立法活動が促進されていくことが大切なんだ。

ヒロキ　具体的にどうすればいいんですか？

高橋　国政、県、市町村それぞれ扱う政策テーマが異なるにせよ、これからの望ましい政策形成のあり方は、先に説明した基本構図とまったく同じ。あえていえば、国政と比べて、より身近なレベルで政策決定が行われるようになるわけだから、地域での事業・サービスを展開するＮＰＯなどが、政策形成において活躍できるチャンスが多くなるだろうし、経験が乏しくても比較的参加しやすいということもあるかな。

ヒロキ　より生活に近いレベルで政治が行われれば、それだけ関心も高まるし、参加機会も当然増えるってことか。

社会を変えるために

みさき　いま、若い人のなかでは、企業でもなく、公務員でもなく、世の中のため、社会のために仕事したいという人が増えてきていますが、そういった人たちが活動していくためにはどんな知識・意識が必要ですか？

高橋　なにをしたいかによって必要な能力って違うから一概にはいえないけど、一般的にいえば、メディアリテラシーとリサーチリテラシーは誰にとっても重要だよね。テレビや新聞、ネットなど、メディアが報じる内容をそのまま鵜呑みにするのではなく、自ら補完的に調べたり、関連情報を収集して、どのような背景があり、どういった意図や思惑が隠されているのかといったことについて、独自に考察することだよ。つまり、情報をどう判断・理解し、どう活用するのかが大切なんだ。また、ネットの普及で情報が入手しやすくなった半面、情報が氾濫しているわけだから、取捨選択を行って的確に情報収集できることも重要だよ。さらにいうと、統計データを読み解くといった分析力もあったほうがいいね。

ヒロキ　言うは易し、行うは難しで日々の努力が必要ですね。

みさき　NPOなどを立ちあげたいなら、どんな知識が必要ですか?

高　橋　マネジメントやマーケティング、ファンドレイジング（資金調達力）など経営学全般を学ぶ必要もあるし、リーダーとしてプレゼンテーション、プロモーションといったコミュニケーション能力なども備える必要があるね。また、事業・サービスだけでなく、アドボカシーの分野にも取り組むなら、政策づくりのノウハウや問題解決力、法令を読み解くことのできる基礎知識も欠かせないよ。逐一あげていくときりがないけど、いろいろな要素が必要となってくる。

ヒロキ　なんだかハードルが高いなあ。オールマイティじゃないとダメですね。

高　橋　これはどの世界でもいえることだけど、すべてのことを一人でやろうとすれば、たしかにオールマイティでないといけないといった話になってしまうけれども、現実的には限界があるね。任せられるものは他の人に任せていくことが重要だし、必要に応じて知識や技術を習得すればいいんだ。

ヒロキ　そういわれると、少し気が楽になりますね。

高　橋　もし、社会起業家などプロデューサーのポジションで取り組みたいなら、目的・目標を達成するために、どの分野の専門家に力を借りればいいか、そしてどのような資源をどう調達すればいいのかなど、総合的な知識だったり、人とのつながりが必要になる。

　それから、肝心なことは実際に行動することだよ。実践のなかで経験知を積み重ねることだって重要なんだ。理屈だけでは動かない面も多々あるからね。もっとも、ただ漠然とどうにかしたいというだけでやみくもに行動しても、なかなか結果に結びつかない。どんなことにでもあてはまるけれども、より明確な目的や目標、そしてそれを達成するための手段などをもってアクションを起こすことが、なにより大切なんだ。

みさき　問題意識をもった個人やＮＰＯが増え、必要に応じて各専門家集団などと連携していくことで、多種多様なプレイヤーが存在する政策形成が実現できれば、社会は自ずと変わっていくってことですね。

ヒロキ　一にも二にも、多様性ってことなのか。既存の官僚や利益団体、大手のマスメディアという限られた政策形成ではないモデルをつくっていくことが、今後の社会を左右するんですね。

高　橋　そうだね。随分と成長したようなので、この辺で、僕の講義も終わりにしようか。

みさき・ヒロキ　高橋先生、ありがとうございました。

おわりにかえて

高橋洋一

本書を、すでにお読みになった読者は、立法が抽象論ではなく、すべて個別具体的な話だということを理解されたと思う。テレビに登場する評論家は、政府の政策が悪いと批判するけれども、政策というものは具体的にいえば、ほとんど法律から成っている。政策を可視化するのが法律なのだ。ゆえに、政策が悪いといっても、なにも動かないが、法律を直せば、世の中はドンドン動く。

ところが、国会で成立する多くの法律は、国会議員が立案したものではなく、政府が提出したものだ。ようするに、官僚が原案作成者になっているので、いちばんの権限は官僚にある。まさにここがニッポンが変わらない最大の原因なのである。ゆえに、政治主導を目指すためには、この立法プロセスを変えて、議員主導の法律案を積極的に提出していかないといけないのである。

ここでは手始めに官僚が法律案をつくる際に、どのようにして骨抜きにしたり、官僚の利益になる方向にもって行くのか、具体例を挙げて見ていこう。二〇一一年一一月、橋下徹氏は、大阪都構想を掲げて、同志の松井一郎氏とともに大阪市・大阪府のダブル選挙にでた。結果は、橋下氏が大阪市長、松井氏が大阪府知事になった。ただ、橋下市長が主張する大阪都構想を実現するためには、地方自治法改正（または特例を定める立法）が必要だ。当時の国会情勢ではなかなか成立しないので、大阪維新の会は国政進出を目指して、「維新八策」を検討するようになった。

それを受けて、国政政党は、法改正に乗りだした。みんなの党は、二〇一二年三月九日に大阪都構想のための法律案を参議院に提出した。大阪維新の会の国政進出を恐れた他の政党も、独自の法律案の準備を進めた。自民党は、三月に入って、「大都市問題に関するPT（プロジェクト・チーム）」で要綱案をまとめた。

大阪都構想実現のための地方自治法改正は、手続き法なので、内容はシンプルだ。都構想の中身を検討していくにあたって、どのような手続きが必要なのかを定めるのが、法改正の内容になる。普通に考えれば、大阪地域で大阪都のための「協議会」をつくり、そこでつくった中身にたいして必要な法改正を行えば済む。しかし、協議会で検討する事項や総務省との関係などをどう考えるかで、大枠は似ていても、法律の細部のつくり方が違ってくる。こうして、まったく似て非なる法律案が提出される運びとなった。

国会提出された民主党、自民・公明党、みんなの党（新党改革もみんなの党案に同調）の法律案をそれぞれ比較してみよう。元官僚の筆者から見ると、みんなの党案が政治主導でまとめたのにたいして、民主党案と自民・公明党案は、まるで官僚がつくったような内容だ。

まず、民主党案では「地方制度調査会において検討して」、自公案では「総務大臣と協議して」という条文があるのにたいして、みんなの党案ではない。これらを認めると中央集権、官僚主導が続いてしまうからである。さらに、民主党案の発想は、制度設計の検討を地方に委ねるという発想が欠落しており、「国と地方で一緒に協議調整」し、「法整備は国で検討」というかたちになっている。

つぎに、自公案では、協議会での検討について総務省との事前協議をしてから結論を得るとなっているが、みんなの党案では協議会で結論と書かれている。これは、総務省の意向に沿っていないと、いつまで経っても法改正が進まないということを意味している。地方分権を勝手にやらせたくない総務省官僚なら、ぜひ入れたい条項だ。また、協議会で検討する事項について、自公案は、事務配分、財政調整などとなっているが、みんなの党は、事務配分、財源配分、財政調整などとなっていて、財源配分という地方税をどのように都と区が配分するかも含まれている。これの有る無しも権限を手放したくない総務省の意向だ。

そのうえ、自公案は、政令委任といって、法律では決めずに政府に委任する方式が多いが、みんなの党案にはほとんどない。中央省庁にとって政令は権限を手に入れる便利な道具だ。「知事は……をできる」を「知事は、政令に定めるところにより……をできる」と「政令」を入れれば、知事の権限を政令に従った場合に行えるということになって、すべて骨抜きにできる。官僚の戦略はこうした細部に宿るのだ。

＊＊＊

国会議員の仕事は、端的に立法することである。憲法第41条では、「国会は国権の最高機関であって、国の唯一の立法機関である」と規定されている。国会は唯一の立法機関であって、法律をつくれるのは国会議員だけであるはず。

本来であれば、議員立法で多くの法律が誕生しなければいけないはずだが、実際に議員立法から立案される法律は、一〇〇本のうち二〇本もない程度。その二〇本も、国民生活に影響をおよぼすような重要な法律とはいえないものばかりだ。たとえば、二〇〇八年五月に可決された「宇宙基本法」。これは議員立法で成立した法律だが、年金問題などの議論に比べると、影が薄い感じは否めない。

また、各議員から持ちこまれた議員立法の素案を法律案としてまとめる議院法制局は、その精度があまり高くなく、間違いも多いといわれている。だから霞が関では「議員立法は前例とせず」という極めて不遜な原則がある。もし議員立法で法律ができても、それは政府提出法案の前例としない、つまりはいい加減な法律であるという認識なのである。そういう特権意識が官僚にはあるのだ。

私たちは、議員立法でもっと重要な法律を提案していかなければいけないと考えている。国民の日常の生活に密着した法律案をつくることこそが、高みから国を見下ろしている霞が関の官僚にできないことであり、政治家が主導権を取り戻すことにもつながるからである。

そもそも、法律を書ける政治家の数が少ないことが、議員立法が少ない理由のひとつだ。政策をもち、実行するために法律をつくる。国会議員はその両方があってはじめてその力を発揮する。その意味では、役人出身の議員は法律の作成能力があるのだから、頑張ってもらいたい。もっともその能力を活かさずに、族議員となって出身官庁と結託して、官僚利権を守っているようでは情けない。

株式会社政策工房では、議員立法をしたいという国会議員の方々を手伝い、作成・チェック、政策づくりのサポートなどを行っている。国会議員には、立法のノウハウをまったく知らないどころか、アイデアすらでてこない人、なにがやりたいのかはっきりしない人も散見される。その一方で、明確なビジョンや目的・目標をもち、いいアイデアをもっている議員もいる。政策を実現するため、議員立法を行いたい国会議員をサポートしようと、会社を立ちあげたのである。残念ながら、日本では、政策と名がついていても立法能力のないシンクタンクが多い。その意味で、政策工房は、いままでにないシンクタンクだと自負している。

本書は、法律のつくられ方について講義形式で解きあかし、今後の望ましい政策形成のあり方について述べたものである。基礎編では、日本政治の基本的なしくみを説明し、NPO法を例に立法の重要性について言及した。また、なぜ政治主導が失敗し、官僚主導が続くのかについても触れている。応用編では、政府提出法案や議員立法がどのようにつくられ、国会でどう審議・採決されるのかについて、なるべく実態にそくした解説を試みた。それらを踏まえ、実践編で、国民が政策形成・立法プロセスにどうかかわることができ、より民主的な政策形成のあり方とはなにかについて考えていった。

本書を通じて、立法の重要性、政治とのかかわりについて考え、政治・政策をウォッチするきっかけとなれば幸いである。さらに、実際の政策形成に参加するためのガイドブックとして活用いただけるならば、望外の喜びである。

また、政策工房の立法ノウハウの一端を明らかにできたとすれば、本書のもう一つの目的を達成したのではないかと思う。今後、立法能力を備えたシンクタンクが増えていくことを期待したい。


最後に、本書の執筆にあたっては、多くの方々にお世話になった。お名前を記すことは割愛させていただくが、深く御礼を申しあげたい。また、出版にあたっては、本書の企画から制作にいたるまで大変な協力をいただいた三田資子、および後任の月村尚也(ブレイン・コミュニケーションズ)の両氏に御礼申しあげる。また、私たちを鼓舞し根気よく支えてくれた春秋社編集部の山田兼太郎氏には、格別の感謝を申しあげたい。

監修者略歴
高橋洋一（たかはし・よういち）
株式会社政策工房代表取締役会長、嘉悦大学教授。
1955年、東京都生まれ。東京大学理学部数学科・経済学部経済学科卒業。博士（政策研究）。1980年、大蔵省（現・財務省）入省。理財局資金企画室長、プリンストン大学客員研究員、内閣府参事（経済財政諮問会議特命室）、総務大臣補佐官、内閣参事官（総理補佐官補）などを歴任。2008年、退官。
著書に『財投改革の経済学』（東洋経済新報社）、『さらば財務省』（講談社）、『統計・確率思考で世の中のカラクリが分かる』（光文社新書）、『数学を知らずに経済を語るな！』（PHP研究所）など多数。

著者略歴
株式会社 政策工房（せいさくこうぼう）
2009年に設立した公共政策系コンサルティング会社。
政策担当者（政党・首長・議員など）向けに、公共政策の企画・立案のサポート、法律案の作成・チェック、調査・分析レポート等の作成・提供などを行っている。また、民間（企業・非営利団体など）向けには、政策提言の立案サポート、政策情報の整理・分析等の提供、ロビイング支援なども行っている。
ホームページ　http://www.seisaku-koubou.co.jp/

黒澤善行（くろさわ・よしゆき）
株式会社政策工房フェロー。
1978年、愛知県生まれ。立命館大学政策科学部卒、同政策科学研究科博士前期課程修了。その後、毎日新聞社「週刊エコノミスト」編集部記者、衆議院議員政策スタッフ、シンクタンク2005・日本（自民党系）研究員などを経て、2010年より現職。
著書に『できる総理大臣のつくり方』（共編著、春日出版、2009年）。

ニッポンの変え方おしえます
――はじめての立法レッスン

2013年2月20日　初版第1刷発行

監修者――――高橋洋一
著者――――株式会社 政策工房
発行者――――神田明
発行所――――株式会社 **春秋社**
〒101-0021 東京都千代田区外神田2-18-6
電話 03-3255-9611（営業）
03-3255-9614（編集）
振替 00180-6-24861
http://www.shunjusha.co.jp/
印刷――――萩原印刷 株式会社
装幀――――小口翔平（tobufune）
イラスト――――加納徳博

Printed in Japan, Shunjusha
ISBN978-4-393-65702-7　C0031
定価はカヴァー等に表示してあります